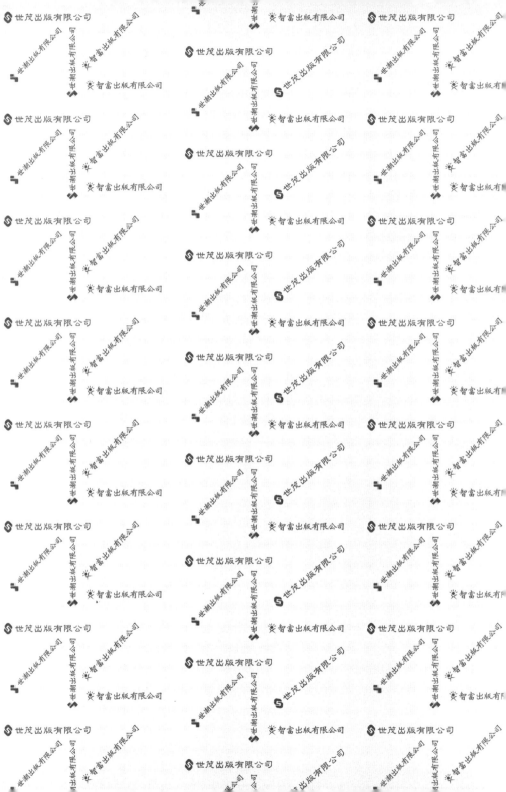

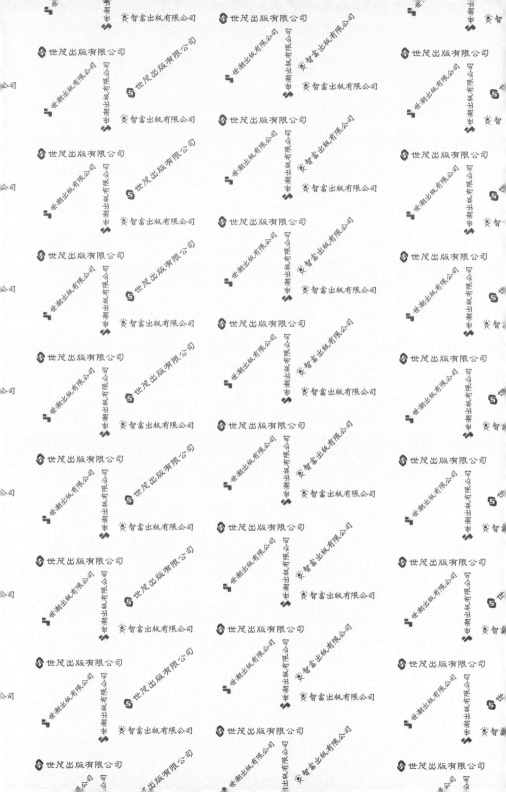

好想消失

消えたい

虐待された人の生き方から知る心の幸せ

父母會傷人，但你值得被愛

日本知名精神科醫師

高橋和巳／著

李喬智／譯

推薦序

家扶基金會執行長　何素秋

當得知世茂出版社將出版《好想消失：父母會傷人，但你值得被愛》中文版時，內心其實充滿著複雜的思緒。因為個人接觸兒童保護工作超過三十年，很清楚閱讀有關兒少受虐議題的書籍，心情一定是相對沉重，但另一方面，又非常期待透過書籍出版，可以讓更多人了解到受虐孩子艱辛的成長路，是有多麼的不容易。

這本《好想消失：父母會傷人，但你值得被愛》原作者是日本精神科醫師高橋和巳先生，透過診問多位病患的真實事件分享，勾勒出以受虐者角度來探索我們對兒虐事件的重新定義，進一步去思考所謂生命的價值與界限，並試圖尋找人類應該有的生存意義。尤其是整本書每一章節，都有許多連串性的對話交互激盪著，相信會讓許多讀者，特別是為人父母者，在閱讀中將無法避免的反思，字句對話根本就是一幕幕生活場景的浮現，一幕又一幕的引領讀者自然地走進這群當事人的心理空間，用不同的角度來看世界。

整本書的取材及切入角度，對我個人甚至我相信對許多從事兒童保護工作的夥伴來說，還是帶來很多心理衝擊與反省，因為作者提到的許多案例故事，都會讓我聯想起過去曾經接觸過的受虐孩子，他們當時內心裡是有多麼的孤獨，大人們可想過這些孩子的生命隨時可能消失。特別是近年國家社會積極強調應遵守《兒童權利公約》（Convention on the Rights of the Child，簡稱CRC）的基本權利，其中的生存權及受保護權，都在闡明一個成熟的社會裡，讓兒童健康的長大是最基本的任務。但諷刺的是，關於兒虐的新聞卻從來不曾消失過，在日本是如此，在台灣亦然。

閱讀這本書時，腦海裡不斷地勾起許多記憶，但不可否認的，也拓展不同的新境界。因為台灣兒少福利界當提到虐待兒童事件時，如同書中所說的，多數討論的焦點是放在該如何救出受虐的孩子？該如何保護我們的孩子？怎麼做才能有效防杜虐待事件的再發生？但較少涉及受虐者對生命及人生的態度。讓我不斷陷入沉思的是，許多遭受不同形式虐待而長大的孩子，經常會為了逃離痛苦的人生，不會把自己說成「好想死」，反而常說「好想消失」。作者特別釐清二者間的巨大差距，「好想死」的前提是還想活著，在掙扎該如何好好活下去。但「好想消失」的前提竟然是完全沒想要再活下去了，已做好放棄生命的意念。兩者的意涵，是面對生與死的心力交戰，往往也代表著一個人的心理狀態與面對存在價值的截然不同意義。

事實上，自殺案件（含蓄意自我傷害）近年已是我國青少年人口群的第二大死亡原因。同時，衛生福利部依據「兒童青少年精神疾病之流行病學調查」結果呈現，有3.1％的兒童與青少年在過去6個月內曾有過自殺念頭，除顯示社會應高度關注兒童及青少年身心健康的重要性外，常被忽視的就是本書所提的童年受虐因素的創痛。對許多當事人而言，那往往是一種不想說，甚至不能說的痛！

作者從醫師的治療性角度來看待這些有受虐經驗的求助者，並將他們這群人下了一個定義稱作「異邦人」，指的是與照顧者間沒有建立起依附關係，也不容易培養共同的感情及規範。也說明許多12歲以前就受虐的孩子，在生命發展歷程中，根本就跳過青少年青春期階段，直接就變成大人的狀態了。由於本書是站在受虐者（異邦人）的角度來解釋對待人生觀的態度，認為如果在成長過程中經常遭受虐待，相信會採取一種全然不同的角度來看待這個世界。另外，讓我感到震撼甚至心痛的一段話，是作者認為要讓這些患者恢復正常生活最重要的關鍵在於只要做好三件事：分別是享受美味的食物、好好睡一覺、以及與他人互通情感。就這三件事，我相信對許多讀者而言，這些應該是非常容易甚至天天都在從事的例行公事吧，但從書中引述許多案例的對話中可知，這些簡單的事，對許多受虐者

（異邦人）而言，簡直是遙不可及的幸福。如果我們不曾停下腳步，多聆聽這群人內心的聲音，而只是在某個社會新聞事件爆發時，也跟著人云亦云，指指點點，便無法拉回這些身處社會角落的異邦人。

根據本會（家扶基金會）的統計，從一九八七年到二〇一六年間，共協助過21,480位名受虐兒童案件，發現傷害孩子的，有高達95％是與孩子同住的家人，其中87％是孩童的親生父母親。會造成兒虐的原因，最多的是有58％家庭因為缺乏親職知識或者未能建立正確的教養觀念而傷害了孩子。其次，則是因父母親婚姻失調而導致嚴重疏忽或施虐，第三個原因則與經濟貧窮有關。但必須強調的是，不論是哪一種原因，都不能成為傷害甚至虐待孩子的藉口。

本書強調，社會通常是由九成常態人及少數異邦人所共同組成的。常態人就是具有溫暖家庭，在感受得到的安心及信賴社會裡，創造出自我人格的人。異邦人則是成長於較不一樣的家庭中，慢慢成長並在融入社會時，就會抱持著與一般人不大相同的觀點及情感。但異邦人通常是直接跳過青少年階段，這時後，就有身分認同的議題了，因為青少年時期的成長課題，就是需要不斷地調整自己在社會化以後所需擔任的角色。

這本《好想消失：父母會傷人，但你值得被愛》一開始就開宗明義說明，作者因為是執業醫師的關係，門診經常遇到一些求助患者各式各樣問題，也並非刻意要將這些患者的故事寫進各篇章節裡，而是從不斷累積的過程裡，愈來愈發現有許多患者在治療過程中，有許多心理層面議題待克服，這不是吃些治療性藥物就能輕易改善的。作者從一位、兩位到愈來愈多病患的對話過程中，感到這群患者都有著共同的成長經歷，他們都是受虐兒，也就是作者筆下的異邦人。

我很喜歡這本書的章節編排方式，全書除了前言及後記外，主要分成五大章，每章分成數個小節。字裡行間中沒有深奧的哲學思維，而是大量運用許多案例敘說的對話過程中，讓讀者可以更清楚認識這些異邦人的艱辛人生路，同時也能感受作者在執業中所散發出的一分關懷，或說是付出一種簡單的愛，醫病特有關係也能在專業理念下散發出柔性之美。

本書第一章是「好想從這個世界消失」，由一名三十多歲男性病患，因看到媒體報導一名三歲小男孩受虐致死新聞，引爆他內心長期並存的影子角色。作者用非常直鋪寫實的方式表述，讓讀者可以很快進入案例的情境，這些故事背後對當事人來說，都曾經宛若晴天霹靂般，逐漸導引甚至改變後來人生的走向與心理狀態。作者一方面用敘說故事的模式掀開故事主角的影子，讓讀者感受每件當事人所遭受到的境遇。靜下心想，那不只是一種問蒼天的不公平、也是一種悲傷童年的撕裂感。那種童年受虐之痛往往是一般人很難體會的。

第二章則引述多個不同案例，從各種對話中對照及強調一般人跟異邦人是「生活在不同世界的人們」，如果我們只用一般人的社會思維去猜測別人可能也會這麼想、這麼做，就會完全失去互通情感的交集，往往會付出更多的社會代價。

第三章探討「受虐兒的真實樣貌」，提到日本社會對虐待兒童有五種分類，分別是身體虐待、嚴重疏忽、精神虐待、性虐待，以及精神方面的嚴重疏忽。其中前四項與台灣分類相同，但台灣較少將精神方面的嚴重疏忽單獨分類出來，倒是二〇一六年以後，我國政府部門將「不當管教」列為單獨分類項目，認為有些家長（本書常指大人）由於本身情緒控制不佳，或是未建立親職教養觀念，所以在管教方面可能有不適切行為，但未必是刻意虐待孩子，這樣在受虐兒類型分類上就會產生層次的區隔，同時在家庭處遇的策略上，也可以發展出不同的工作目標與執行方式。

第四章談到「恢復」的重要意義，從許多與案例的對話中，也讓讀者一起感受或體驗治療的過程，目的是希望這些異邦人，有一天能較輕鬆般「跟大家手牽手，共處在同一個世界」。在台灣，許多助人工作者針對許多對生命感到迷惘或失去動念者，常會借助復原力（resilience）的概念來幫助受助者。簡單說，復原力是指一個人面對逆境或有大壓力的環境中，仍能夠以符社會規範的方式去妥善處理各種難題的意思。是由內而外並從正向思考的角度切入，過程中必須不斷地回溯自身需要擔負的角色任務，維持適度的彈性，幫助當事人有與他人共同學習的各種可能機會，這樣復原力的建構就會比較落實。

第五章說明「讓心靈走向更寬廣的世界」。作者不斷提起所謂存在的意義，包括社會性的意義及生命的意義。除了是許多受虐者最根本必須面對與解決的根本問題，也點出臨床上有哪些可運用的策略。作者雖是一名精神科醫師，但也直言所有的藥物治療都只是狀況處理中的一段過程，怎麼讓這些異邦人可以漸次與他人間產生連結，絕對是每一位助人者必須因應的課題。

談到要與其他人產生好的連結，就必須終結孤立，透過方法找尋屬於每個人的社會支持網絡（social support network）。書中也提到，不同的人在內在方面的差異性，我們的社會才能因此不斷地進化，而且，嶄新的思維，通常是從邊緣的世界開始醞釀的。我們在談這個概念時，可以純指涉及人與人之間所構成的各種關係網，也有可能是指透過一些個人的接觸以維持其社會身分。當然，社會支持網絡包含正向及負向的能量同時運作，網絡欠缺與支持不足的話，會導致個人的社會疏離，網絡的建立對個人心理狀態與社會支持有正向效果。作者提到受過傷的人，在其心靈防護膠囊上面都會有一個臨界點；實務上，我們也發覺確實如此，這些人特別的敏感並容易再次受傷，所以並不容易在短時間內建構較佳的支持網絡。

以下三點進一步補充關於支持系統與社會網絡的概念：

一、支持系統就像是壓力的緩衝劑，當面臨大壓力時可協助度過壓力所引發的危機，進而促進一個人獲得良好的生活適應感。

二、支持系統可細分成四個部份：分別是（1）情緒支持：包括傾聽、安慰、同理、肯定等。（2）訊息支持：協助當事人評估自身情境，並適度給予合適的意見。（3）陪伴支持：陪伴當事人的生活與活動。（4）工具支持：給予當事人實質需要之協助。

三、若與社會支持相較，社會網絡是更接近個人的層面，是當個人有需要時，能夠接近並運用網絡中的人來發揮支持的功能，那麼個人與環境間的適應程度就較佳，意即身處適應良好的狀態之中。

個人身為有近七十年歷史的台灣兒少福利與保護非營利組織的執行長，與基金會的同仁經常向社會大眾宣導兒童少年保護工作的重要性，同時關切兒少法規修正與各項倡議議題。從二〇一三年起，訂立每年4月28日為兒童保護日，也不斷強化建立兒保安全網，發起鄰里商店一起成為兒童保護好鄰居。共同的根本信念，就是每一個孩子從出生開始，已是單獨的個體，也是社會共有需要被照顧及保護的資產。

雖然「兒童保護、自殺防治、人人有責」，這句口號對許多人來說可能是朗朗上口，但這個社會裡，依然存在許多「好想消失：父母會傷人，但你值得被愛」的人們。透過這本書深入淺出的敘說，各個章節，可以說是連貫，其實也能分段落閱讀。書中串起每一個生命故事並告訴讀者，建構一個家庭與社會安全網有多麼的重要。多一份用心，多一點關懷，就能夠多守護一個生命。

這本書堪稱是所有從事兒童保護相關工作者必須閱讀的寶典，更值得推薦給所有家長共同學習的親職教育書籍。

目錄

第二章 生活在不同世界的人們

第三章 受虐者的真實樣貌

第四章　復原——進入同一個世界，大家手牽手

前言

——「那個三歲的小男孩死了，是一件好事」

關於虐待兒童的悲慘新聞。

幼小生命走到盡頭之類的報導，從來不曾消失。一旦談到虐待兒童的問題，大部分討論的觀點都落在該如何救出受虐的孩子？該如何保護我們的孩子？怎麼做才能確實防杜虐待事件的發生？當然，這些都是最緊急、最該優先處理的問題。

然而，我看待虐待兒童相關問題的角度卻不是如此。

我開設的精神科診所並沒有涉及太多兒童虐待議題。會對這個議題感興趣，是因為我見過許多從小就在嚴重虐待下長大的大人，他們都曾是受虐者。

開始對這類病患展開治療時，我發現精神科一般的診斷及治療方針，並沒有辦法運用在他們身上，這讓我感到相當困惑。不過，經過一番深入的了解，並且改變治療的方式之後，他們恢復的情況都相當良好。

這就是故事的起點。

曾經有一位三十多歲的男性病患到我的診所求診。他在幾個月前在電車搭乘途中，突然感到呼吸困難、並且嚴重心悸，從那之後他就害怕外出。他的病症是恐慌症。當時我開立情緒穩定劑讓他服用，症狀也因此而有所改善。有一天，他來門診診療時，不小心說漏了嘴。

那時，報紙及新聞媒體上，都在報導一位三歲男孩遭到虐待致死的消息。

「醫生，你知道那個虐待兒童的新聞嗎？」他問了我這個問題，所以我回答道：「嗯，我知道。」

接著，他低著頭沉默好一會兒，然後壓低聲音用沉重的語氣說道：

「醫生……我覺得，那個三歲的小男孩死了，是一件好事……」

我驚訝得說不出話來，直直地盯著他看。

他又再次沉默，眼眶盈滿了淚水。

「我曾經有一陣子，也覺得自己如果可以消失的話該有多好。如果消失了，應該就不會有如此痛苦的人生。為什麼我還活著呢……」

那一天，他只是稍微暗示自己曾經遭受虐待，對於細節並沒有多談。

在那之後，又過了幾次診療，有一次，他突然說道：

「醫生，我的右腳沒有腳指甲。」

他繼續說著：

「小學四年級的時候，他們說我不聽話，就用鉗子拔掉我的指甲。」

明明是讓人想摀住耳朵的驚悚內容，但他卻說得雲淡風輕。

接著，他還提到了自己從小時候開始就受到嚴重的虐待，因此他雖然活著，但卻都一直懷抱著「希望人生趕快結束」的想法。

從那之後，他不時會在診療時聊起自己的悲慘往事。每次，他都像是在講別人的事般，以非常客觀的角度闡述。關於他在人生初期所遭遇過的各種「虐待事件」，跟我已經得知的情況比較起來，他在訴說時，很明顯的是用迥然不同的描述方式。他訴說那些悲慘事件的語調，讓我覺得像是從另外一個世界傳來的聲音。

「（難過的時候）我會從自己身上抽離，像是從很遠的地方看著自己。」他說道。這種情況就是精神醫學中所謂的人格解離障礙。在遇到非常痛苦或無法接受的事件時，一般人都會先自我抽離。這就是人格解離障礙。他竟然從小學時就有人格解離障礙的問題，讓當時的我驚訝不已。現在回想起來，他所闡述的症狀在精神科所知的範疇中，倒是有些近似卻又不太相同的地方。

從他說話的語氣來判斷，感覺他像是遠離了社會、人群，從遙遠的彼方看著這個世界。他總是站在這個熱情的社會外圍觀察裡面的人，甚至是站在遠方看著身在其中的自己。這種與他人之間的距離感，以及詭異的存在感，都讓我大受衝擊。

在他之後，我陸續又遇到了許多像他一樣，懷抱著同樣的傷口拼命活著的受虐者。對於他們，我心中總是感到既佩服又震驚，結果就在不知不覺間，我開始稱呼他們為「異邦人」。

他們承受著種種困難，辛苦地活著，那股力量讓我非常佩服。而之所以會感到震驚，是因為我感覺到他們知道一些我們所不知道的事情，每每當他們說出不可思議的言論時，我都會覺得那像是來自異世界的訊息。後來，我才了解那些我們所不知道的事情，其實就是這個世界的人們「活著」的極限及範圍，但他們卻知之甚詳。

如果從出生起的成長過程中一直受到虐待，看世界的角度必然會完全不同吧。仔細地聆聽他們所闡述的經歷之後，我慢慢地了解他們所說的每字每句背後所蘊含的意義，都與我們熟知的世界全然不同。雖然使用的語言相同，但是話語的意思卻總有微妙的差異。而且，那樣的差異並非雜亂無章，而是具有一個統一的方向，所有話語的意義，全都朝著那個方向偏離了。如果說，他們的語言體系已經產生偏離，心理的運作系統，想必也已經偏離常軌。

舉一個最明顯的例子——對於生死觀念的認知差異。受虐者們對於死亡的概念與我們所認知的不同。因此，「自殺」這個字眼對他們來說也具有不同的解釋。詳細內容我將會在第一章作說明。另外，在已然偏離的心理系統下看事物，好比說看著同一幅畫，卻會感覺到不同的色彩，聽著同樣的音樂，卻會感受到不同的旋律。他們將那些認知上的差異，化成語言描述給我聽。我和他們雖然是生活在同樣的環境裡，但卻具有迥然不同的心理世界。

長時間跟他們相處，我也開始懷疑起那些我曾經深信不疑的「自我存在價值」。

我們所認知的存在意義，並非是生命的全貌。或許對人類來說，這個世界上真的有不同的存在意義。

我所相信的生命價值，又是什麼呢？

在我們深信的所有道理之中，是否忽略了什麼？

本書將以受虐者的生命態度為基礎，透過他們最真實的分享，一起來探究我們的「生命」界限，並且尋找人類所應具有的「存在意義」。

第一章 好想從這個世界消失

（1）發光的項鍊

十歲時的自殺意圖

我在這裡要介紹的是小向亞矢小姐的故事。她是我診所的病人之一，今年二十四歲。

在她國小四年級的時候，曾經有過自殺未遂的經驗。

那一天是校外教學日，她的班級預定要到工廠去參觀，搭電車前往只需要坐三站。

亞矢小姐比平常早起一些，以走路方式前往指定集合的車站。

住宅區的上方是一大片晴朗的藍天，只有兩三朵白雲輕飄飄地浮在半空中。是一個讓人心情相當愉悅的春日。

白雲之間，看得到閃閃發亮的光芒。亞矢小姐不由得停下了腳步。定睛一看，那些光芒緩緩地隨著微風散落在她眼前。微小如星斗的光芒，一點一點串聯在一起，看起來就像是一串項鍊。太陽光反射出金色及銀色的光彩，有時候還有紅色及藍色參雜其中。

「這是什麼啊？好漂亮喔……」

她一邊想著一邊往前走去，而那一串光芒也慢慢朝她靠近。一股溫暖而清爽的空氣，不可思議地包圍著她，她就這樣一直看著。然後，光芒漸漸越來越大，終於在她伸手可及的前方落下。

「快抓到了！」亞矢小姐一邊想著，一邊朝著那串光芒跑過去，最後，她就這麼飛起來了。就在她想著自己是不是碰到了那串項鍊的瞬間，後方傳來尖銳的怒吼聲。

「很危險啊！」

「你在搞什麼啊！」

同一時間，她的身體被一隻粗壯的手臂抱住，將她拉到後方。

之後的事情她就不太記得了。

記憶中最後的影像，是月台上的黃色導盲磚，就在自己的腳邊，前方則是緊急停止的電車，發出亮晃晃的綠色光芒。

沒多久，她就發現自己來到了車站的辦公室。

一開始，車站人員不斷地大聲詢問她的姓名及住址。

她當時感到很害怕。後來，車站人員的聲音就比較溫和了。不知道過了多久，奶奶來接她，而在這之前所有的記憶，都是這樣一段一段的。

車站人員告訴她的奶奶，那天早上在電車進站前，他發現亞矢小姐恍若行屍走肉般走在月台上。月台在早上時段總是非常擁擠而混亂。而當電車快要進站的時候，亞矢小姐突然從月台衝向鐵軌，就像要跳下去似地。千鈞一髮之際，車站人員攔住了她。在車站的辦公室裡，亞矢小姐除了回答了奶奶的電話號碼之外，什麼都沒有說，甚至也沒有哭泣，只是一直沉默著。

在回到奶奶家之後，她依舊一句話也不說。

「怎麼了？亞矢，他們說妳朝著電車鐵軌跳下去，是真的嗎？」

奶奶一直看著她的側臉。

隔了好一會兒之後，她小小聲地說道：

「奶奶，我看到了一串發光的項鍊，看起來好漂亮。所以⋯我伸手想去抓⋯⋯」

「發光的項鍊？」

除此之外，亞矢小姐就不願意再多說。

到了晚上，亞矢小姐的父母親到奶奶家接她，但是她卻堅持「不想回去」，拒絕和雙親見面，躲在和室裡不肯出來。

亞矢小姐家裡共有四個人，除了父母親之外，還有一個小她三歲的妹妹。

從小學二年級開始，家裡的所有家事就都由她負責。準備晚餐、打掃房間、清潔浴室，晚上還得去幼兒園去接妹妹回家。幼兒園的老師總是會稱讚她「真是個好姐姐」。她牽著當時四歲的妹妹走回家裡後，還要幫妹妹洗澡。

如果這些家事沒有做完，母親回家後，她就會挨揍，也常被處罰不准吃晚餐。明明自己準備的晚餐就在眼前，但卻不能吃。也因為這樣亞矢小姐一直都很瘦小。一天之中，她確實能好好飽餐一頓的機會，只有學校所提供的午餐。因此對她來說，去學校上學是一件開心的事。

另外，她也很喜歡看書。從小學時開始，她每天最常待的地方就是玄關旁的小房間，她會坐在那裡看書。為什麼會選擇待在玄關呢？因為如果母親從客廳叫她，她就可以馬上過去。要是回應得慢一些，她就又得接受處罰了。

「妳沒聽到我在叫妳嗎？到底在做什麼啊！」母親說著說著，一個耳光就打過來了。

因此，為了想要一聽到母親大喊「亞矢！」就立刻衝到現場，她選擇待在玄關。

要是惹得母親不開心，她的頭髮就會被一把抓住、猛力搖晃。還曾有過一大束頭髮被硬生生扯下來的情形。她只能一根一根撿起散落在地上的頭髮丟進垃圾桶。因為地板要是不乾淨，她也會被打。當然，也得用抹布把地上的血跡擦乾淨。隔天早上，她會在上學前先用髮夾把頭上禿掉的部分遮起來。

「奶奶，我累了。好想消失喔。」

亞矢小姐的奶奶因此通報市內兒童諮詢中心。諮詢中心也立刻對此展開調查，並研判此為「虐待」事件，要求母親與孩子隔離。她被帶到兒童養護機構，在那裡展開新生活。

之後大約過了一年，「再次重整」母女關係的計畫啟動，她也因此回到了母親身邊。

然而，她依舊受到母親的暴力相向，並且還是跟以前一樣，必須負擔所有家事。母親甚至責備她「就是因為妳說了那些不該說的話，才會變成這樣」。

不過，對亞矢小姐來說，這個家裡頭還是有讓她感到開心的事情。那就是妹妹長大後，兩人終於可以開始聊些心裡話了。

「好想消失」和「好想死」的差別

以上是亞矢小姐十歲時的自殺未遂事件。

以精神科正確的表現方式，應該是她沒有所謂「自殺」的意圖。因此也不能稱為「未遂」。但總而言之，這是一般人無法理解的事件。

像亞矢小姐這樣，因為某種「神秘事件」而產生自殺行動的例子，在精神科領域中並不罕見。例如有個患者，看到天橋底下有人正在施放漂亮的煙火，於是跨越欄杆落下，嚇壞了經過的路人。還有一位患者爬到公寓的頂樓，在圍牆外看到小河流過草原的美景。雖然看得不是很清楚，他還是說「感覺讓人好懷念，我完全被吸引了」而差點跳下去。有不少曾經受虐的人，都發生過類似的情況。

從精神科的角度來看，這樣的現象與「解離」或是「幻覺」相當接近。也就是忘記自己所在的地方、忘記當下的時間，甚至忘記自己是誰（解離）的狀況；或是脫離了眼前的真實世界，進入另一個空間（幻覺）。

事件過後，亞矢小姐說：「我累了，好想消失喔。」

在受虐情況下長大的孩子，為了逃避痛苦的人生，並不會說自己「好想死」，而是會說「好想消失」。

「好想死」以及「好想消失」。

我花了一點時間，才終於了解到這兩句話背後的涵義完全不同。這句話裡隱藏了心理層面的真實感受。

在精神科領域中，期待死了就能夠一了百了的想法，就是具有希望結束生命的「自殺傾向」。在憂鬱症患者前來門診諮詢時，我們都會先了解患者是否具有自殺傾向，如果有，就會請患者描述自殺意圖的程度。假設有強烈的自殺傾向，在開始進行藥物治療之前，會建議患者先住院觀察。這是為了防止患者將自殺意圖付諸行動。

一開始，當小時候曾經受虐的患者向我闡述「好想消失」的心理狀態時，我在病歷上所寫的都是「類似具有自殺傾向的憂鬱症」。也就是說，我將他們的想法解釋成因為過度憂鬱，所以才會「想自殺」。

但後來，我了解到「好想死」以及「好想消失」這兩種情況，前提可以說是天壤之別。

「好想死」的前提，是想要活著、想好好生活。

「好想消失」則是完全沒想過要活著，放棄生活。

會有「好想死」這種想法的人，其實是因為原本心裡對於生命懷抱著希望與理想。也就是說，在人生的某一個時期，他們是曾經體驗過快樂，有過幸福人生。當他們了解到內心的期待不可能實現，才因而產生一死了之的想法。比方說，希望自己可以幫助他人，希望和家人一起度過快樂的每一天，但是以現在的狀況來看，已經不可能實現理想中的人生了。所以，好想死。曾經體驗過的幸福，曾經對人生懷抱的希望、目標與理想，都成了「好想死」的主因。

另一方面，受虐者所說的「好想消失」，完全沒有「想活著、想試著活下去、想好好生活」等前提。只有不曾想過活著的目的、生命的意義，也不曾體驗過快樂或幸福的人，才會說出這種話。對他們來說，從出生到現在完全只是無謂的活著而已。沒有發生過任何好事，人生也沒有任何意義。這讓他們漸漸對於活著感到疲倦。也因此，他們會說「好想消失」。

「好想死」的理由是因為自己所期待的人生無法實現，那種懊悔又力不從心的感覺，會轉變憤怒，並且會對無法諒解自己的人產生強烈的恨意。然而，「好想消失」的想法並沒有包含任何怒氣，即使有，也非常微弱。只有淡淡的悲傷，在心底無盡蔓延。

不同的生死觀

心裡想著「好想死」的人，主要是想放棄曾經幸福的人生；而「好想消失」的人，則是完全不了解人生的意義何在。雖然都可以用「自殺傾向」來形容，但「好想死」與「好想消失」這兩句不同的話，所代表的卻是迴然不同的生死觀，兩者所抱持的心理狀態也完全不同。儘管近似，但兩者分屬不同的領域，一方曾有過人生的意義，另一方則完全沒有。

在面對死亡的時候，這兩種不同的解讀方式，背後也映照出兩種不同的心理狀態，當我了解到這個事實後，不由得認為這兩種心理狀態的背後，也藏著兩種不同的存在價值。

「一般人」活在這一邊，體驗著快樂、痛苦、悲傷及喜悅；而另外一邊的「異邦人」（受虐者）則過著完全不一樣的人生。

回到正題。亞矢小姐歷經了孤單的「自殺未遂事件」，並在養護機構生活了一年左右之後，再度回到自己家裡，過著痛苦的日子。

但是，她並沒有因此而消失。

她來我的診所求診，是在她二十四歲的那年秋天。已經整整過了十四年。

（2）受虐者教會我們的事

十歲那一年，她決定活到「那一天」為止

「小學四年級時，有一件事情是我自己決定的。」第一次門診，小向亞矢小姐以這句話為開場白，開始描述自己的故事。

「醫生，我在四年級的時候，就決定了自己要活到某個年紀的『某一天』為止。

為什麼大家都可以活得好好的呢？當時的我覺得很不可思議。我完全不知道自己為什麼活著，甚至也不認為人生有意義。但是，我想在我決定好的『那一天』到來之前，我就勉強過下去吧。在這段時間裡我也打算尋找人生的意義。這就是我一直活到現在的原因。除此之外，沒有其他活下去的理由了。

有時候，我覺得自己好像『確實』找到了理由，但也可能只是單純找到了不想死的理由而已。六年級時，我寫了一篇作文，題目是『我的志願』。後來我才知道，有很多小學在學生畢業之前，都會要求應屆畢業生寫這類文章。但當時我好害

怕這個題目，它讓我感到非常痛苦。我根本就沒有什麼志願啊。」

她一口氣把自己二十四年來的人生經歷吐露出來。

在受虐的過程中長大後，她到養護機構生活了一年。

小學時，她最常待的地方就是玄關旁的小房間，她會坐在那裡一直看書……

因為父母親不打算替她支付高中學費，所以她會利用下課時間去打工，賺取學費。

高中一畢業，她就逃離家裡，自己一個人生活。工作雖然並不輕鬆，但是有錢可以領，光是有工作可以做，就讓她感到自己確實有所進步。下班之後，她會和公司的同事一起去喝酒。可以用自己賺的錢在外面享受大餐，對她來說是一件相當開心的事情。小時候她從沒想過自己會有這麼一天，所以在那個當下，她仍舊覺得難以置信。

三年後，公司倒閉。

她轉換跑道，成為派遣人員。儘管每天都非常努力，但完全沒有留下任何快樂的回憶。

兩年前，她因為憂鬱症而病倒，也辭掉了工作。

一直以來繃緊的神經在那一刻斷裂。她突然變得很害怕見到人，一整天都躲在公寓的房間裡，小心翼翼地等待著時間過去。是不是有人在監視我？是不是有人會攻擊我？這些想法讓她緊張得不得了。她把窗戶封死，晚上也不開燈。她會把電視打開，然後切成靜音，靠著電視的光生活。「我真的生活在這裡嗎？」、「為什麼我要活著？」是她在當時不斷思考的問題。

她的儲蓄逐漸減少，外出的機會也只有一個星期去兩次超市，購買三餐所需的食材，以及一個月去一次精神科門診。其他時間，她只能自己一個人被不安及恐懼包圍。

聽著她的描述，我心裡想著，她說決定要活到「那一天」為止，那一天恐怕已近在眼前。該不會是今年的生日吧？我下意識地望向病歷上她的出生日期，想著不知道這次的治療能不能來得及在那一天到來之前產生效果。

「那一天」到來的時候，如果她的人生仍舊跟現在一樣沒有任何改變，她就會選擇消失嗎？

她接著說：

「（小學四年級時）決定那一天之後，我總想著『不繼續活下去也不要緊』、『就此畫下句點也沒關係』。這樣至少可以輕鬆一點。就是這樣的想法支撐著我一天一天過下去。」

根據她最後的說法，她曾到其他醫生門診看診，但因為都只有採用藥物治療，導致憂鬱症完全沒有好轉的跡象，所以想聽聽其他專業意見——她用認真的語調說著。

我慎重地告訴她我的想法：

「小向小姐，妳生在一個狀況相當不好的家庭，成長環境非常艱困，痛苦的程度也是一般人無法想像的。我想『一般人』都無法理解妳心裡的苦。小時候妳就曾想過結束生命吧？這二十四年來妳真的過得很苦。光是要活著，就必須要比一般人多耗好幾倍的力氣吧，妳真的很努力。」

對於我突如其來的感想，她愣住了。

她沉默了好一會兒，一直望著半空。接著，她的臉頰上劃過了兩、三道淚痕。

「因為妳想聽聽其他的意見，所以我也會提供我的診斷結果……」我重新恢復語調，繼續說著。

「好的，麻煩你了。」

「我認為妳所得的並非典型的憂鬱症。雖然妳的一些症狀跟憂鬱症相似，包含心情低落、提不起勁、注意力不集中等等，但是跟憂鬱症的症狀迥異的地方也不少。像是過度勞累、身心陷入嚴重的疲勞狀態，以及慢性疲勞，這些症狀與憂鬱症的症狀混雜在一起了。跟一般的憂鬱症比起來，妳的情況更加嚴重。

而且，我認為妳強烈感受到的緊張與不安，是從小就受到虐待所帶來的影響。我認為妳的症狀是嚴重的焦慮症及人際關係恐懼症，正式的名稱是『社交恐懼症』。

我必須很遺憾地告訴妳，以妳現在的狀況來說，服用藥物不會有太大的效果。即使吃了抗憂鬱的藥物，應該也只是徒然增加疲勞感罷了。真正有效的治療方式，必須先做到深層的身心休養，重新整理自己內心的想法。不過，如果只是單純休息，應該沒辦法消除妳的緊張感，想要讓妳的情緒不再緊繃，必須接受精神治療或心理輔導。

將自己的情緒整理好，了解自己過得多麼辛苦、忍耐的極限可以到什麼程度、比一般人痛苦多少倍，並且知道自己可以比其他人努力多少倍，這麼一來或許就能夠對自己的存在產生認同感，這就是自我認同。我想，如果妳能夠做到，就能有效舒緩緊繃的情緒，消除疲勞的症狀。」

一直安靜聆聽的她，再次流下了眼淚。

從那之後，她便開始每兩週到我的診所報到一次。

從生活治療到心靈治療

一開始我先減少抗憂鬱藥物的劑量。如此一來多少可以讓亞矢小姐的身體變得輕鬆一些。

接著，在進入真正的心理治療之前，我先讓她開始接受「生活治療」。

亞矢小姐是在異常的家庭環境下長大的，所以並不清楚什麼叫正常的生活。因此，首要之務是在生活上改善她的睡眠及飲食習慣。正確的說法，應該是必須讓她體驗出生以來未曾有過的正常習慣。

我將以安眠藥為主的處方箋換掉，並且告訴她許多助眠的方法，以及建立生活規律的技巧。過了一陣子之後，亞矢小姐就表示自己睡得比較好了。

「醫生，我現在可以睡得很好。我現在才知道『睡得很好』這個說法原來是這個意思啊。從出生到現在，我第一次可以連續熟睡六個小時。」她侃侃而談，看來似乎非常開心。

睡眠獲得改善後，我給了她關於飲食方面的建議。

在這段期間，她有時還是會訴說自己痛苦的人生故事。每次當她談起的時候，我都會安靜地聆聽。等她說完後，我會把握診療時間的最後幾分鐘，詢問她飲食方面的近況。

我會問她像是「妳喜歡吃什麼？」或是「妳今天想吃什麼？」之類的問題。

但她似乎並不清楚我這麼問的用意。

她總是回答「沒有特別喜歡吃的東西」、「沒有特別想吃什麼」。

對她來說，小時候在家裡如果能有東西吃，就已經非常不容易了。每天她唯一能夠吃飽的機會，就是學校所提供的營養午餐。不管菜色是什麼，她都會覺得非常美味。因此，在她的思考模式裡，原本就沒有「喜歡或討厭」、「好吃或難吃」之類的概念，甚至不會去思考自己「想吃什麼」。

她可以分辨吃飽了或是沒吃飽，但她不太能理解對於口中食物的感覺，或是「喜歡」、「好吃」的意義。

然而，她的身體卻能夠感受到食物的美味。

某一天的門診，我對她說：

「今天好冷喔，吃點鍋類料理應該很棒吧。」

「對啊，很棒。」她這麼回答。

「寒冷的時候吃點油滋滋的食物最對味了，所以一碗鍋燒烏龍麵配上炸蝦，應該很不錯喔。」

「哇，聽起來好好吃。」

就這樣，從出生以來一直被她驅趕到意識邊緣的味覺體驗，一點一點慢慢地被挖掘出來。幾個月之後，她已經可以主動說出「我喜歡炸豆腐和加洋蔥的味噌湯」，並且會以期待的心情面對每天的三餐。這是她有生以來的初次體驗。

被強制壓抑的味覺終於獲得解放，一句單純的「好吃」原是每個人自然而然在日常生活使用的詞彙，現在她也終於能夠運用了。

對食物有所期待是一件美好的事情，可以讓人感到充實。可以自由地探索食物的味道，並從中獲得滿足。這就是一句「好吃」背後所蘊藏的觀點。

睡眠與飲食，已經從「為了活下去所以必須要做的事情」，開始變成帶有樂趣的事。

一點一滴為生活加上穩定的節奏，心情就會慢慢改變。

另外，她也再次重拾小時候最喜歡的閱讀習慣。當然，她已經不需要躲在小房間裡看書，而可以在自己柔軟舒適的床上看。

不過，經年累月累積而來的疲勞感，並沒有那麼容易就能消除，所以對她來說，一出門就動彈不得、害怕與人接觸，這樣的緊張生活依舊持續著。

我持續聆聽她所說的故事，每次都會加上一點自己的感想。

過了四個月之後，某次的門診中她說：

「醫生，我的時間還有半年，我想，身邊的錢應該夠花。現在的我很幸福，也很安心。從出生以來我第一次有這樣的感覺。

小學四年級起，我就在決定好死期的情況下活到現在。如今，我不但可以享受美味的食物，而且還有溫暖的被窩，也知道什麼是安穩的睡眠。我可以閱讀自己喜歡的書。每兩個星期來這裡一趟，說說關於自己的事情，讓醫生理解我的想法。可以好好生活，也能夠與人互通情感，讓我感到很安心。聽到醫生說我『真的很努力』，都讓我覺得好幸福。」

已經決定好「消失」日期的人生，終於結束了。

雖然只有一點點，但她確實已經了解到活著的樂趣。想要讓自己「消失」的理由，已經不存在了。小學時決定好的「那一天」到來時，究竟會如何，我不得而知，但她說只要有足夠的錢，就會繼續活下去。即使錢花完，再度面臨無法繼續生活下去的窘境，我想她的內心所想的會是「好想死」，而不再是「好想消失」。就算「那一天」來臨，我相信她應該不會有什麼大礙。如果只是錢的問題，總是能找到辦法。我想，她自己也很清楚這一點。

這是我第一次從受虐者（異邦人）身上所學到的經驗。恢復正常生活最重要的關鍵就在於：第一，享受美味的食物；第二，好好睡一覺；第三，與他人互通情感。如果能做到這幾點，我想每個人都會對自己的人生感到幸福。

三件事實現幸福人生

這三件再單純不過的事情，我想對一般人來說，應該全都可以做到，即使不是每天都能享受，但一定會覺得那是理所當然的事情。

然而，對她來說，卻是莫大的幸福。

誠如她所說的，我也認為人生的幸福就存在於這些平凡的事情之中。我回顧了一下自己的生活。明明我平常都有滿足這些條件，但為什麼我並不會像她一樣，僅因如此就對自己的每一天感到幸福呢？

她的人生過得非常痛苦，每一天都艱辛無比。也因此，她才能從一般人眼中無關緊要、理所當然的事情之中，體驗到幸福的滋味，這是我一開始的想法。這也說明了幸福的多寡與個人的日常習慣有關。

不過，仔細想想，這樣的說明似乎並沒有道出幸福的本質。

舉例來說，將一個平凡的人，跟一個事業成功、獲得眾人讚賞的人相比。這兩種類型的人，在生活上所追求的幸福，應該也跳不脫享受美味的食物、好好睡一覺、與他人互通情感這三點。當然，有錢人吃的可能比較豐盛，睡的房間也可能比較寬敞，但是對於美味的感受，以及安穩熟睡的滿足感，是不能用金錢來衡量的。

而且，與人互通情感所帶來的幸福，理論上應該都是一樣的。成功人士所受到的注目、稱讚或是被感謝的機會，可能都比一般人要來得多，但是跟親近的人互相交流，彼此之間想法互通，這與成功的程度並沒有直接的關係。

享受美食、充足睡眠，這樣的好心情每次都讓人煥然一新，我們並不會對此感到厭膩，也不會因為習慣了而感到麻痺。自己的想法獲得他人理解時的開心感覺也是如此。這個問題的本質在於不滿足或是滿足，但並不是到了什麼程度才能滿足的質量問題。因此，並不會有「習慣了某種程度的幸福」的情形。

那麼，亞矢小姐的滿足度，與一般人有什麼不同呢？

這要從她創造了「幸福的判斷標準」開始說起。

一般人因為與他人互動頻繁，具有豐富的人際交流經驗，所以就會下意識地與他人做比較，並將自己的幸福程度放到相對的關係位置中，藉此對自己做出評價。也就是說，自己幸不幸福，必須要透過互相比較的觀點來判斷，看自己跟其他人比起來幸福與否來決定。

比方說當自己感受到「好吃」，就會想著這種程度的美食應該任何人都品嘗過，而且許多人都吃過更美味的食物，這麼一來心中的感受就會有所改變。在享受美食的時候，往往都會出現類似的比較心態。

另一方面，亞矢小姐在離群索居的狀況下，終於初次體驗到人生的喜悅與快樂。她並不清楚自己所感受到的滿足與幸福，跟其他人比起來程度如何，既沒有打算與他人相比，也不曾去評斷自己幸福與否。只是單純地去感受、去體驗。

在這樣的情況下，對亞矢小姐來說，幸福的感覺是沒有任何限制的。

飲食、睡眠，與他人交流互動，她單純地接受這三件事情所帶來的感覺，體驗著純粹的幸福。這是受虐者在恢復正常的過程中，經常可以發現的共同狀況。

幸福的感受會根據每個人不同的人生觀而有所差異。以心理狀態來說，單純享受幸福原貌的亞矢小姐，在心態上說不定也跟澈底了解人生，或是「悟道」的人相同。

第二章

生活在不同世界的人們

在這個章節裡，為了讓大家了解受虐者的特殊存在感及心理狀態。我將介紹幾個案例，看了這些案例，相信大家就會知道他們跟我們的確是活在不同的世界。

跨越國境之後，時間（各國的標準時間）就會有所不同。就跟時差一樣，他們所在的世界，在時間觀念的表現上跟我們是不同的。

（1）不存在日期概念的女子

分不清日期的失眠症

金澤美雪小姐，四十一歲，因為失眠症而來診所掛號求診。

在聽她傾訴自己的失眠症狀時，我注意到一個奇怪的現象。她似乎並沒有「日期」或「星期」的概念。昨天、今天和明天的不同，她似乎分不太清楚，而她也無法區分星期六、星期日、星期一等日期。

她是跟先生一起來門診看診的。

我一問：「妳今天想諮詢什麼呢？」

她回答：

「我的睡眠很淺，晚上總要醒來好幾次。」

這是她最一開始的自我闡述。

她的症狀是睡眠中斷。在關於失眠的描述之中，包含難以入眠等多樣症狀。

她說自己每天大概都在十二點左右就寢，但兩點多就會醒過來，接著就沒辦法繼續入眠，頂多只是半夢半醒。她的起床時間是清晨五點左右，所以躺在床上的時間大概有五個小時。稍微推測一下，她實際的睡眠時間長度頂多只有三到四個小時。從實際的入睡的時間可以看出睡眠的效率，跟就寢的時間一對照，就可以得知她的睡眠效率非常差。

聽她闡述了各種症狀之後，一開始讓我覺得想不通的點，是當我問她：

「像這樣的睡眠狀況，是從什麼時候開始的？」她沒有辦法回答正確的時間。

「這個嘛，我想是從以前開始就一直這樣了……」

「一直這樣？在剛結婚的時候情況如何呢？」

「那時候也是這樣。」

「那麼，學生時代呢？」

「好像也差不多。」

「這樣啊。接下來的問題可能會有點失禮，不過我還是想請教一下，為什麼妳現在會想來門診詢問失眠症的相關問題呢？」

於是，她開始說起了事情的原委：

睡眠的狀況從以前開始就一直是這樣。但是，最近我早上起床都會感覺非常疲懨，連出門買東西都懶，一點都不想動。無論做什麼事情都很容易累。或許因為這樣，心情也一直很頹喪，感到不安，也不敢和人群接觸。因為我先生說：「妳最近一直覺得累，會不會是搞壞了身體？」所以我到內科診所去做檢查，結果並沒有任何異常。當時醫生在聽了我的睡眠狀況之後，建議我找睡眠障礙的專門醫生諮詢，所以才會來到這裡。

「我了解了。那麼，接下來我想詳細詢問妳的睡眠狀況。我想先請妳描述一下前天睡得如何。昨天是星期天對吧，我們先從前天晚上說起好了，星期六的晚上，妳是幾點就寢的呢？跟平常的時間一樣嗎？」

「……，我想是跟平常一樣吧。」

「那麼，我用時間回溯的方式發問，星期六的早上你是幾點起床的？下午時段你做了些什麼事呢？白天會有睡意嗎？」

「呃……星期六的白天嗎？」

「是的，前天的時候。」

「唔……」

就在她欲言又止的時候，她的先生搶著說道：

「醫生，我太太有點無法分辨日期，像我跟她說『三天前才做過這件事』的時候，她會無法理解『三天前』是什麼時候。而且。她對於『星期幾』幾乎一無所知，像『上週的星期三』這樣的說法，她也聽不懂。」

我無法理解這種情況。

在精神科的領域裡，關於無法分辨星期幾的情況，是屬於阿茲海默症的症狀……難道說她得了阿茲海默症嗎？阿茲海默症會併發失眠？這樣的推論太奇怪了。才四十一歲的女性會得到失智症吧？若是如此的話，或許就可以理解她不知道自己從什麼時候開始難以入睡……我的思緒一時之間陷入了混亂。

然而，冷靜回想一下就可以發現，她在進入診療室之後的打招呼方式，以及對於問題的回應狀況，還有她臉上的表情變化，看起來都不像得了阿茲海默症。

因此，我再次仔細地詢問她所發生的睡眠障礙。一邊聽著她的闡述，我也一邊對照阿茲海默症的症狀，不過幾乎都不符合。就這樣一來一往地詢問了十五分鐘左右，我終於能夠窺見她的睡眠障礙全貌。

金澤小姐的睡眠障礙
——無止盡的夜晚，以及永遠不會來臨的清晨

我開始進行說明。

「我了解了，金澤小姐有很長一段時間都一直處於淺眠的狀態，是嗎？因為妳在睡覺的時候總是半夢半醒的，所以我想你在入睡之後，意識並沒有確實切斷。這麼一來，慢性疲勞的情況會日益加重，導致現在身體的健康狀況逐步下滑……」

一般來說，入睡之後意識會完全切斷。因此，對於時間的主觀認定也會斷絕。隔天一早起床時，又是新的時間、新的開始。如此一來，我們就可以將今天與前一天分類為不同的日子。但是，如果睡眠的情況既淺又短，意識沒有中斷，在主觀認定上來說，時間就是連續的。這樣的情形導致夜晚一直延伸下去，前一天都還沒劃下句點，就要迎接下一個清晨了。這是對於日期以及星期幾的認知會如此模糊的主因。

其實這跟熬夜的感覺很像。在通宵熬夜之後的清晨，回顧前一天所發生的事情時，總會有一天並未結束，還持續在進行中的感覺。昨天跟今天，感覺變得模糊不清。如果不藉著「今天是星期幾，所以要做的工作是這個那個」重新確認，就沒辦法讓新的一天正式開展。

金澤小姐的狀況，就像是這種熬夜的緩慢持續。

我突然想到，若要探其根源，該不會是從小時候就開始了吧？

「因為妳對時間有不同的解讀，所以如果不用『大約六十個小時之前』這樣的說法來替代『三天前』，就無法理解，對吧？」

說完這句話，原本低著頭的金澤小姐，突然驚訝地抬起了視線。

「沒錯！我對時間的感覺比對日子敏感，但是，醫生為什麼會知道呢？」

「我以前曾經治療過失眠症的患者。」

「醫生，看來你好像是睡眠方面的專家，像我這樣的狀況是生病了嗎？」

「不，金澤小姐的失眠症狀，無法在睡眠障礙的分類之中找到符合的案例，因為只有非常特殊的狀況，才會引發這種症狀，所以一般都檢查不出來。倒是有些小時候在痛苦的環境下長大的人，出現過類似的症狀。」

「……」

接下來，我向她詢問成長的歷程，以及小時候跟母親之間的關係。當然，這麼短的時間裡很難追問出她是否受過虐待，因此所有的問題拼湊出來的印象，就跟一般普通的家庭沒什麼兩樣。然而，從她的描述中可以感受到，她與母親之間的關係不僅緊繃，而且相當疏離，跟一般人的情況不太相同。她可能是在受虐的情況下長大的。更重要的是，找不到源頭的失眠症，恐怕是從年幼時就一直延續下來。有了這個推論來做補強，幾乎就可以確定我的推測。

我不再繼續深入，而先轉向治療她的睡眠問題。

開始進行失眠症治療

改善睡眠狀態的第一步驟，就是確保規律的睡眠時間。

睡眠的規律（晝夜節律，又稱生理時鐘）必須要不斷循環。在不同的時間段入睡，不會睡得太安穩。首要之務，是將身體的規律調整到與地球自轉週期所形成的晝夜節律同步，為此，必須要先將睡眠時間固定下來。

聽了身為家庭主婦的她說明自己一天的行程安排之後，我將她的睡眠長度設定為七小時，並固定在晚上十一點熄燈就寢，早上六點起床。

雖然她說「突然要我這樣做，我根本不可能睡得著」，但為了讓治療產生效果，我還是詳細向她說明了設定的細節。

接著，我開立幫助入睡的處方藥物，並作出以下的指示：

①每天晚上十一點，吃藥之後立刻上床，並且把電燈關掉。
②隔天早上醒來如果還不到六點，可以起床也可以睡回籠覺。
③一到早上六點，無論多想睡都一定要起床。
④不可以睡午覺。

這是強制讓身體記憶晝夜節律的治療方法。

依照規定執行，假設十一點躺在床上之後遲遲無法入睡，只能一直翻來覆去，到了清晨五點左右好不容易即將入睡，但六點一到就一定要起床。我解釋道：「就算是清晨五點五十分好不容易終於入睡，六點一到還是要馬上爬起來，這就是我們的約定。」

自出生以來，她從來沒有睡超過四個小時，而且也不曾有過午睡的習慣，在這樣的情況下，第三點及第四點的設定或許可以取消。

這是讓家庭生活能夠持續正常運轉的前提下所做的合理設定，因此她的先生也同意。

日子終於出現區別

在第一次診療之後，過了兩週。

個性認真且一絲不苟（這是受虐者共同的生活態度）的金澤小姐，嚴格遵守我的指示，而且在藥物發揮效用的情況下，她似乎多多少少能睡得著了。根據她的說法，十一點就寢之後，大約可以睡到三點左右。

然後又過了兩週。

她回到診療室，做了以下的報告。

「醫生，我第一次體驗到『一天結束了』的感覺，原來每一天都是會結束的。」

我點了點頭之後，她用更加開朗的語氣繼續說道：

「現在我可以睡得著，身體變得輕鬆許多，生活也有了不一樣的樣貌。」

每一天都會在晚上結束、並在第二天早上重新開始。在此之間，意識完全消失，時間中途停止。即使指針仍舊一直在動，但在人們心中，時間就停在晚上的十一點，並且在隔天一早的六點重新開始。最重要的是，隔天早上起床時的心情，會跟前一天完全不同。所以才會有舊的一天結束，新的一天開始了的感覺。

前一天的心情，已經在前一晚被切斷。用全新的心情迎接早晨，如此一來昨天、今天、明天之間的不同就可以清楚區別出來，對於日期的感受也會有所改變。可以順利區別前天、昨天與今天的不同，接著也能分辨每天是星期幾了。

雖然這對一般人而言是理所當然，她卻無比雀躍地親口跟我敘述這些情況。

「你對時間的感覺恢復正常了呢。」我如此回應她。

「原來這就是所謂的正常。」她笑著說：「正常比較好，對吧？」

「是啊，的確比較好。」

「醫生，那一粒安眠藥讓我們家的生活起了好大的變化，我現在已經不會因為焦慮而跟先生吵架了，我先生也很開心呢。」

那是一顆十一日圓的藥物。我想她大概再持續服用三到四個月，就可以停藥了。

接著，又過了兩週，她來診所告訴我：

「最近我抓到了睡覺的訣竅。只要眼睛閉起來，就可以睡著。身體很疲憊，也可以比較快入睡。我已經能夠分得出來那種感覺並不是身體『很重』，而是我『很睏』。有睡意的感覺真的好棒啊。

而且，我早上起床之後，已經不會覺得肩膀沉重，身體也不會硬梆梆的，再也不會有『唉，天又亮了啊』的灰暗情緒。一旦睡得好，身體就會變得輕盈。

每天早上，我的心情都會煥然一新；每天早上，我都覺得好幸福。」

自己與他人同處在同一個時間循環，並且在同一個世界裡生活，能讓人感到無比安心。

出國旅行的時候，當飛機一降落到機場，人們就會對時。時間對上了，我們的心靈與身體就得以進入當地的文化圈之中，並且可以跟那個國家的人們，在心理層面串聯起來，因為時間同步了。而且當地的時間亦根據格林威治標準時間（平均時間）調整，就算有時差的問題，還是可以跟該國產生連結。

但是，以金澤小姐的症狀來說，雖然住在同一個國家，但生活的時間概念卻完全不同，這樣的心理距離遠比本國與外國的差異還要大上許多。她宛如生活在異世界裡，在那個世界，只有單調且僵硬的時間在流動，沒有日期，也沒有星期幾的差別。

將恐懼與緊繃情緒深植在孩子心中的精神虐待

遭受虐待的孩子，不知道什麼是「正常的」睡眠狀態。或許知道那是將意識切斷幾個小時的狀態，但由於他們是在充滿暴力與不安的環境下長大，因此即使是就寢時間，緊張的情緒依舊無法放鬆，總會持續注意周遭的狀況。

請想像一下。那種感覺就好像把一個正常環境下長大的人，突然送到內戰打得如火如荼的國家去，讓他置身壕溝中，或是躲在崩毀的大樓圍牆後面，處於完全無法入睡的狀態。即使非常睏，周遭的聲音還是不絕於耳，讓他不得不保持警戒，因而無法讓意識稍有中斷。

受虐者或許不見得像金澤小姐一樣，會對星期幾失去判斷能力，但幾乎一樣都不得好眠。他們大部分都在幼稚園或小學開始就出現失眠症狀。小孩子患有失眠症，就是受虐的重要線索。

生活慢慢穩定下來之後，金澤小姐開始談起自己過往的人生。

她「回想起」自己從幼稚園開始就幾乎沒好好睡覺。了解到什麼才叫做真正的睡眠之後，她開始回溯自己失眠的記憶。

「小學的時候，總覺得晚上很可怕。一旦閉上眼睛，會不會所有東西都不見了呢？光是想著就讓人感到非常不安。我想起以前自己無法入睡，一直在黑暗中拚命睜大雙眼。學校的事情一件都記不住，完全處在緊張的情緒中。

國、高中階段依舊過得很辛苦，那時候的事情我幾乎都不記得了。

母親不斷對我說『妳哥哥的頭腦好，但是妳就不行了，智商那麼低，跟笨蛋一樣，根本不是讀書的料』、『妳是我不想要的孩子』、『不會讀書不如去死一死吧』之類的話，讓我覺得不把書讀好就沒資格睡覺。」

高中三年級的時候，她找母親討論升學的事情，但母親卻說：「妳那麼笨，不用去上大學啦。」導致於她曾經一度放棄繼續升學。那一年整個學校的畢業生，就只有她的志願是進入職場。她所讀的高中是縣內第二名的升學學校，由於她的成績並不差，對她的決定感到驚訝的班導師便家庭訪問，希望勸她的母親改變心意。最後，她終於得以繼續升學。

大學畢業後，她找到一份會計事務相關的工作，但因為認為自己應該先拿到資格證書比較好，於是她便離開職場，進入專業職校進修。她每天的睡眠時間大概只有三個小時。在二十八歲那一年，她因為過勞而病倒，住院兩個星期。

母親斥責她：「這樣都會病倒，一定是因為頭腦太差的關係。」住院的時候她都是獨自一個人，沒有任何一個家人去探望過她。

結婚之後，她將心力放在每天的家務及孩子身上。然而，她依舊感到不安。因為覺得自己的頭腦不好，再怎麼努力也不可能跟別人平起平坐。她的老公說過多次「不用每件事情都做得那麼認真」，但她似乎聽不懂話裡的意思，更不知道如何讓自己忙裡偷閒。

「我似乎是第一次像這樣回顧自己從前的人生。」

無法察覺孩子狀況的母親

她並沒有受到身體方面的虐待。關於虐待的分類，我會在下一章節詳細說明，她所受到的虐待是屬於「精神性」的。精神虐待不只是周遭的人不會察覺，甚至連小孩子本身也可能毫不知情。

精神虐待會讓小孩子在心中創造出一個詭異且矛盾的母親形象。

她一邊回憶著可怕的母親，一邊卻說「母親會煮三餐給我吃，也會幫我準備便當」、「我從來沒有被她罵過」，認為媽媽很溫柔。

帶著冷淡的距離感，讓人感覺很可怕的母親，以及個性溫柔，讓人感覺很溫暖的母親，兩者同時存在。持續對小孩施以精神虐待的母親，絕不可能有什麼溫柔的舉動。之所以沒有斥責孩子，恐怕只是因為當下並不在意。然而，放任不管的行動，卻會被受虐者自行翻譯成「溫柔」。金澤小姐的母親會煮三餐，或許只是為了生活所需，但在她的眼中，那卻是一個母親對孩子的疼愛。

她在生活中總是處於緊張的情緒之中，拚命壓抑自己，凡事都得看母親的臉色，而且還得先把事情都提前做好。因為如果不這麼做，她害怕自己真的會被拋棄。母親一直對孩子漠不關心，因此孩子便拚命習慣現況，並將自己的期待投射到母親身上。可惜，母親完全沒有任何回應。徒勞無功的付出，讓無邊無際的恐懼感更加沉重，她的心一直緊繃著，甚至經常害怕到發抖。這樣的虐待方式與身體的施虐不同，感覺就像被無形的繩子勒住脖子，恐懼與孤獨占據了她的心。為了不讓自己崩潰，她只能將母親的形象塑造成一個「溫柔的好媽媽」，藉以勉強支撐自己活下去。

在這樣的環境下成長的她，自幼稚園起就患了失眠症。

我詳細地詢問了金澤小姐對母親的回憶，並跟她一起推測母親當時的心理狀態。

她很快就了解了。幾個月之後，她總算知道母親並非「很溫柔，並且從不會開口責罵孩子」，而是「單純漠不關心，完全不了解孩子」，只會「隨著當下的心情一味地貶低孩子」，根本就是一個「沒有能力教養孩子」的女人。

看清母親的真實面貌之後，長久以來深埋在她心底的恐懼感終於消失了。她說：「原來長久以來我一直都生活在自己的幻想裡。母親總是滿口抱怨，無緣無故就貶低我，根本對我毫不關心。」

「前幾天，我回到久違的老家。

我看清了母親的行為，也能分清。腦海中的母親形象，跟眼前那個『扮演我母親的人』相比，只是我的幻想。

印象中的母親『雖然很容易翻臉，讓人感覺很可怕，但卻很溫柔，絕不會隨便罵人』，但事實上『那個人』並非如此，這樣的落差讓我陷入自己可能會被拋棄的恐懼之中。

小時候我在學校如果碰到不開心的事情，都會跟母親說，但母親從沒有對我說過『辛苦妳了』，反而常常置之不理，頂多隨口說聲『喔，這樣啊』，一點都不關心我。我因為感到害怕，漸漸不再對她說學校的事情，甚至開始覺得在學校發生事情都是自己不好。慢慢的，我變成了一個問題兒童。

我現在可以清楚分辨心中所期待的母親，跟『那個人』之間的差別；我現在對她已別無所求。一旦放下一直拼命想得到的事物，就會有種說不出的輕鬆感。」

和家人活在同一時段

她現在每天都可以睡得很好，恐懼感消失之後，終於可以享受深沉的睡眠。

「今天因為跟醫生有約，要來之前我特地確認了一下，發現上一次開的藥還有剩，所以今天不需要再開藥了。我現在總是忘記吃藥。

就算生活中發生了痛苦或討厭的事情，大約一週後就不會去在意，這是我有生以來首次感受到事情『過去了』。

常聽到別人說『時間能解決一切』，雖然我知道話裡的意思，但內心總是充滿了疑惑。因為對我來說，身邊遇到的幾乎都是時間過去也解決不了的事情。但是，現在我確實可以感受到時間把事情解決的實際狀況。而且，我也了解到『不拖泥帶水』是在形容什麼。

最近我都會睡回籠覺，清晨四點醒來的時候，當下會覺得『還好才四點』，想到還有兩個小時可以睡，心裡就感到很開心。睡回籠覺真是一件令人期待的事情。如果沒有什麼急事，我都會悠閒地度過早晨。」

聽了她的這些闡述，我相當替她高興。

不過，她口中的「悠閒度過」，應該還是比一般人認真，但或許稍帶緊張就是她的人生。

令人安心的正常睡眠，具有讓一天畫下句點的效果。當新的一天到來，心情也會煥然一新，感覺到自己與昨天有所不同。

日子有終點，就表示討厭的事情也逐漸會變遠，在每天不斷更新的過程中慢慢被遺忘。所以就算匆匆忙忙不需要太在意。

這些都是充足睡眠能得到的效果。

睡眠可以讓負面情緒變弱、變淡，乃至於消失不見。人生中難免會遭遇到一些可怕、恐懼、不安的事件，當事件成為過去式，最好能把事件所引發的情緒一併忘掉。這麼一來，每天都可以過得很開心，也能活得更加輕鬆自在。即使完全忘記，日後或許還是會遇到一些不愉快的事情。所以更該把一切都放下，不讓每天過於斤斤計較。透過這樣的調整，便可藉著睡眠將生活區分成各個不同的階段。

她說，早上起床之後，跟丈夫和女兒一起圍著餐桌吃早餐，這種神清氣爽的早晨真的讓人感到非常幸福。

「女兒對我說，『媽媽，妳最近的反應變快了耶。』

我問她：『這是什麼意思？』

結果她回答：『因為我現在叫妳的時候，妳都會馬上回頭看我。』

這麼說起來，她在叫我媽媽的時候，我的心情應該是很開心的吧……」

和家人生活在同一時段，心靈可以互相交流。她終於從受虐的世界掙脫，回到正常的世界。更重要的是，她終於成為一個稱職的母親。

（2）想找回過去的女子

為什麼我沒有過去的記憶？

「我是個沒有過去的人，希望有人可以把過去還給我……」

在第一次諮詢輔導時（五十分鐘左右的會談）時，我問她：「妳今天是為了什麼而來的呢？」她突然說了這麼一句話。

她是細田日登美女士，五十二歲。

「我的心裡總是很不安穩，一直在思考著為什麼人要活著？為什麼非活著不可呢？從以前到現在，我老是被說患了憂鬱症，為此吃了好多藥，但根本就沒有變好。我連自己是誰都不知道，對於自己過去的種種也完全想不起來。

我是個沒有過去的人。

我希望能找到幫助自己想起過去的東西，找到能和記憶產生連結的東西，如果真的有那種東西存在，我希望有人可以還給我。

我小時候總是一直到處搬家。小學時搬了三次，國中搬了一次，高中則搬了兩次。我覺得自己之所以沒有過去的記憶，可能跟這件事情有關。

但是，上大學之後，我遇到一個跟我一樣搬了好幾次家的朋友，跟對方聊過之後我才知道，原來我沒有過去的記憶，並不是搬家造成的，因為她對自己曾經搬到哪裡，在那裡做了什麼，都還想得起來。聽了她所說的話之後，我了解到她的記憶整齊地排列在時間的洪流裡，與現在的她緊緊相連，跟我完全不同。

我唯一記得的事情，只有搬家的地名，不過也只是在回憶往事的時候，照著順序替換那些地名罷了。

為什麼我沒有過去的回憶呢？

時鐘上的數字，在指針之間被吸入黑洞，我從那深幽的黑洞中突然出現，然後又猛然消失。誰也不曾注意到我的存在，而時針也像什麼事都沒有一般，繼續從我身上通過。

我曾經看過一篇關於墨西哥人非法居留美國的報導，這些墨西哥人在美國工作，但是他們既沒有國籍，也沒有社會安全碼。一旦被抓到，就會強制被遣送回國，還會被叫做『遭到驅逐的人（Deportee）』。我覺得他們跟我很像，因為他們不能跟任何人說明自己是誰，只能保持沉默，每天努力假裝自己是美國人。

不過，我跟那些墨西哥人還是有所不同，如果他們被遣返墨西哥，那裡會有記憶中的故鄉，會有家人在等著他們，但我卻沒有。所以我是跟他們全然不同的異邦人。

或許這才是我真正的身分吧，如此孤單寂寞，令人意志消沉。

沒有過去，也不會有未來。我在電視裡看到有人在採訪時談到自己的未來，但我卻完全聽不進去，心裡逕自想著『好羨慕這些確實具有過去的人』。」

她接著繼續說道：

「兩年前，我有一個女兒結婚，也生了小孩。我看到女兒非常慎重地拿著親子手冊，突然想起自己的親子手冊不知道放哪兒去了，說不定可以藉著手冊找回過去的回憶，所以我打電話給母親，結果她卻說：

『有那種東西嗎？我怎麼都不記得。』

原來我的存在，竟是如此輕如鴻毛……

無論我再怎麼尋找，還是無法得知自己過去的事情……」

五十分鐘的會談一眨眼就過去了，我在最後稍微表達了自己的感想。

「細田女士，妳的問題在於不確定自己是否真實存在，對吧？沒有過去，應該就是這個意思吧。

我想這背後一定隱藏著很嚴重的問題。根據妳的描述，我猜想問題應該出在小時候的家庭狀況。讓我們一起來整理一下思緒吧，我想我們一定可以把真正的問題找出來的。」

我有「自我認同」嗎？寫在大學筆記本中的疑問

在第二次的諮詢輔導，她把大學時的筆記本帶了過來。

她說：

「因為很希望可以了解自己是誰，所以我大學時選修了心理學的課程。我對於『身分認同的確立』有很大的興趣。我想，說不定我所欠缺的關鍵就是這個，所以抱持著極大的期待深入研究愛力克・艾瑞克森（Erik Hombuger Erikson，美國著名發育心理學家、精神分析家）的著作。讀到最後，我感覺自己好像終於懂了，所以心裡感到很滿足。

但是，我沒有辦法接受書裡的論調。當時只是因為覺得自己必須要讀懂，但如今我知道自己的狀況並不符合書裡的描述。

上個星期，我將研究所時期的筆記本找出來看，不管看幾次，上頭的文字的確都是我自己寫的，但不知為什麼，我總覺得好像是其他人寫上去的，而且怎麼樣也無法消除這種感覺。」

她帶給我看的筆記本，整本如同後面兩頁的內容寫得非常工整。

筆記本最後，用紅筆寫著：

「◎在缺乏社會認同的情況下，還有辦法建立自我認同嗎？

◎對於時間上不具連貫性的人（沒有過去的人！）在空間上能具有連貫性嗎？

◎倘若幼兒時期沒有充足的基本信賴感，那麼進入青春期之後，還可以建立自我認同感嗎？」

她一邊講一邊指著筆記本裡的內容，但唯獨這些紅色的字，她非常確定地說「就是我自己寫的」。

「那時候，我有種總算找回從前記憶的感覺。

最後用紅筆所寫下的問號，就是我積極努力的證明。那個問號所代表的就是過去的我，當然，也代表著現在的我。

但是，過去的我以及現在的我，只有點與點的連結。在過往的那個當下，思考著種種問題的是我自己，接著時間消失，直到現在才又連結起來。我一直抱持著同樣的疑問，但一路走來卻找不到答案。我並不存在於中間的種種過程裡。不過，雖然我不知道自己現在到底算不算存在，但是我知道，用紅筆寫下那些文字，並且一再重複閱讀的，的確就是我自己。」

第二次會談的前半段，就在這個話題中結束了。

後半段我們所談的是她在小時候跟母親的互動，她片段地訴說著被毆打、被忽視的各種狀況。

聽完她的說明之後，我用一句「妳遭到虐待了」表達自己的感想，並說明母子關係異常的部分。我想，她之所以沒有過去的回憶，自我認同曖昧不清，都是因為受到虐待的關係。

她靜靜地聽著我的解釋，沒有任何反應，就這樣結束了第二次的會談。

尋找自我

接下來進入第三次的諮詢輔導。

「前兩次的諮詢讓我嚇到了。」

她說了這句話之後就沉默不語。從這句話聽起來，她似乎有責備我的意思。

過了一會，她用冷靜的口氣說道：

「活到這把年紀（五十二歲），終於把長久以來的疑問解開了。

我從開始接受診療之後，就一直為憂鬱症所苦，但是上一次的諮詢卻讓我感覺好很多。

醫生，你是這麼說的吧。

『說不定妳並沒有一般人所具有的自我認同。身分認同，也就是所謂的自我認同，就像你的筆記本裡所寫到的一樣，是身處社會環境中，自己與他人都能夠認同的生活方式及思考模式。但因為妳受到了虐待，所以我認為妳在『社會自我』的部分並沒有發展得很健全。小時候如果無法獲得父母親的認同，小孩子也就沒辦法認同自己，導致無法達到自我成長。

妳應該一直都覺得自己就像生活在半空中吧……雖然妳自己可能不是很明白，但那其實非常艱辛。為了和社會上的一般人產生連結，並在生活上配合其他人的步調，妳一定比其他人辛苦、緊張好幾倍。』

醫生，你非常篤定地跟我解釋這些狀況，語氣非常平淡冷靜。

『虐待』、『失去自我』、『像活在半空中』，這三句話清清楚楚地烙印在我的腦海裡。

在回家的路上，我自己一個人喃喃地重複念了好幾遍。

原來我「具有」自己以為「沒有」的東西。
沒錯，我具有，那些不存在的東西。
具有，不存在的，東西……
結果我錯過了車站而不自知，並且在不熟悉的商店街迷路了。
在後來的一個月之間，我不斷思考著這個問題。」
細田女士說話的語氣，已經不像上一次那樣宛若遊魂，而是變得非常清晰。

「我今年五十二歲，名叫細田日登美。
我試著想像一下自己小時候是怎樣的一個女孩，結果腦中浮出一些畫面。當我化身成一個小女孩，看見了已然停止的時間，也發現了一個不存在的女孩。這讓我了解到原來我『具有』自己以為『沒有』的東西。我現在第一次感受到，自己確確實實地活著。我早已習慣把自己想成是一個『奇怪的人』或一個『局外人』。雖然感到有些寂寞，但那種感覺卻是如此真實，我覺得非常棒。
我記起來了。
小學時的母親節前夕，我在美勞課上自己動手用紙張和鋼絲做了一朵紅色的康乃馨。

那時候老師說：

『你們可以把做好的康乃馨帶回家先藏起來，等星期天再拿出來。你們的媽媽一定會很驚訝，臉上一定會掛滿開心的表情。下星期上課的時候，再把媽媽開心的表情畫出來……』

我想，我在聽著老師說這些話的時候，心情是很興奮的。

在那個時空背景裡，我明明是存在的，但卻不記得了。

後來我沒有把康乃馨帶回家，而是在回家的路上就丟掉了。即使送給那個人，我想她也只會一臉嫌惡地說『這是什麼東西啊！』甚至還可能會打我……

小學的時候，雖然我總是和大家在同一個教室上課，但我的心其實不在現場。我知道，不存在的人當然不可能有身分認同（自我認同）。一直以來的疑問終於解開了，我感到輕鬆許多，內心深處的笑意就好像要滿溢出來，身體也好像變得好輕盈，真是奇怪的感覺。」

歷史的存在條件，就是時間的連貫性

小學時的美勞課上，自己製作康乃馨送給媽媽是很有意義的事，但細田女士卻沒有辦法跟大家一樣。因此，儘管就物理學來講，她跟大家一起置身美勞課教室裡，但心理上她卻不在現場。對她來說，社會存在尚未建立。

不能跟大家具有共同的意義，就沒辦法創造過去的回憶。因為一個人所具有的過去，就等於是那個人的歷史。歷史需要和其他人共有，抱持著同樣的意義，並且具有連貫性。

例如有人說「我是從○○小學畢業的」，如果○○小學的老師、朋友以及教室都具有意義，就能寫下歷史。這裡所說的意義包含得到老師稱讚或討厭；跟朋友一起玩，甚至不小心受了傷；成績很差或是很好；還有在美勞課一起製作康乃馨……

如果在心理層面沒辦法和其他人相互連結，單純只是就讀○○小學的一個學生，那麼等於是畢業紀念冊上的大頭照跟自己同名同姓，也長得很像而已。這個人不會留下任何與小學相關的歷史，也不會有過去的回憶。

在受虐過程中長大的孩子，每一天都活在無法與他人產生連結的情況下，所以無法累積意義，當然也無法產生專屬於的歷史，過去就這樣消失了。

更有甚者，連時代以及社會的整體歷史，也跟自己毫無關係。

比方說，高中時代很流行披頭四的音樂，在社會上非常風靡，是大家共同的回憶。但是，不論喜好，若沒有辦法和享有這段歷史的人連結在一起，時代的歷史就不會在自己身上累積。譬如披頭四是一九七〇年代的高中生共同的回憶，然而對自己來說，也只是陌生人，既非歷史，也非過去的記憶。

要確認自己活著（存在），首先要和生活在同一個空間裡的人們產生連結（社會存在），第二則是自己曾經度過的日子，可以和其他人共享，藉以補強存在的意義（自我時間的連貫性）。絕大部分的人所仰賴的世界，就是屬於這樣的空間（社會存在）及時間（過去），也就是說，在這個世界裡，時間與空間是共享的。

然而，受虐者所生活的世界，跟一般的世界沒有任何連結。那是屬於自己一個人的世界，遠在大家所共有的時空之外，以不安定的狀態存在著。

存在又不存在，像個透明人

人與人之間的往來，可以讓人理所當然地確信自己「存在」。一般是在哪個時期會產生這種感覺呢？我想這可以回溯到上小學之前，也就是出生之後的家庭生活。

另外一個來我的診所看診的病患——岸本侑子女士（三十七歲），曾說過以下的話。

「我不知道母親在什麼情況下會突然暴怒，就算是心情很好的時候，她也曾瞬間情緒失控。所以我不知道生活上該跟她保持多遠的距離。當她叫我的時候，我必須要馬上跑到她面前，但若是太靠近，我就會變成她的『獵物』。因此，我從幼稚園開始就決定要當一個『透明人』。

雖然我人在家裡，但其實不在。

我沒有屬於自己的地方，我也不存在。」

剛誕生在這個世界的孩子，都是透過大人們的認同，才能夠確定自己「存在」。而一般孩子最先接觸的大人，往往是母親。「侑子！」聽到了自己的名字，確認自己真的存在，「這個布丁很好吃喔！」母親所說的話，再搭配上自己嘴裡那股柔軟香甜的味道⋯⋯這樣的感覺，母親也同樣能感受得到，所以兩人才得以共享那種感覺。透過與共享感覺的人建立起關係，才能確認自己的「存在」。

「我是名字叫『侑子』的女孩，我是個喜歡吃布丁的女孩。」從這樣的自我認同開始，到進入幼稚園之後，會開始有「活潑的孩子」、「喜歡繪本的孩子」、「○○小學三年級的學生」⋯⋯等身份。將自己與母親之間的連結當作基礎，開始一步步擴散到這個社會的其他人身上，這就是所謂的社會認同。到了青春期，就會以「自我認同」的形式開花結果。

人。

但是，侑子並沒有和母親共享感覺的體驗，身邊也沒有會給她任何評價的大人。

「侑子！」每當她被呼喚的時候，聽到的話語都無法讓她確認自己存在，反而是一些會讓她否定自我的言論。她們之間的互動，只有打罵。會引發緊張與恐懼的話語，當然不可能讓人產生感情。她在家裡、學校，甚至社會之中，都像是一個飄在空中的透明人。

岸本女士還說：

「接受過諮詢輔導之後，我才知道自己從小時候就不曾得到母親的愛，因此才會希望自己消失不見。能夠了解原因讓我感到很開心。

從我有記憶以來，『消失』或是『自殺』之類的念頭就一直在我腦中迴盪，侵蝕著我的想法。三十七年以來，這些話語深植在我心中，我希望這次可以順利將這些話語從我的內心趕出去。

透過與他人的連結，才能夠確認自己的存在，如果缺乏連結，自己彷彿就會消失不見。

今後如果我可以開始與人產生連結，應該就不會再有想消失、失去自我的想法了。現在的我，已經稍微可以看到光明的未來了。」

（3）確立個人的社會存在

透過社會價值，可以確保個人「存在」

人之所以可以確定自己存在，沒有任何疑慮，是因為人際往來在這之中扮演著重要的關鍵角色，需要每天確認並維持。

相關的角色非常多。在家庭裡扮演父親、母親、兄弟或小孩，在學校扮演學徒、學生，在公司裡扮演員工、上司、下屬或同事，在通勤電車裡扮演一個無名的市民……諸如此類。

假設自己有一百個身分，把所有的關係加總起來，就是自己的價值。這一百個身分之中，有些是外界所規定的（不得不接受），也有些是自己想要的（自己的期待）。另外，在這些身分之中，如果有幾個是自己真的不想要的，也不會造成任何問題。我們都可以照著自己的想法去調整一百個身分，各個角色之間具有整合性，可以藉此歸納出真正的「自己」。

舉個例子，說明我們如何透過社會關係來保障自己的存在價值吧。

假設你從出生之後就一直住在富士山腳下，從小開始每天起床都可以看到富士山。一直聳立在原地，沒有任何變化的富士山，可以讓你確認自己人生的連貫性。

然而，若是有一天起床拉開窗簾時，發現富士山消失不見了，會發生什麼事呢？

首先，你一定會懷疑自己的眼睛，一定會睜大眼睛確認自己沒有搞錯。接著，你會開始懷疑自己的記憶。該不會昨天沒有回家，睡在別的地方了吧？於是你開始巡視房間，檢查窗戶的位置，直到確認那是自己的房間。然後，你會懷疑自己是不是在作夢，懷疑自己並非身在現實的世界。當所有的答案都無法解決自己的問題時，最後你會開始懷疑起自己。站在這裡的人，真的是自己嗎？

從這個例子我們可以了解到，透過永遠不變的富士山，你可以每天早上確認自己的存在，這就是對自己的一種保障。如果富士山消失了，你也會對自己的存在感到懷疑。

此時，母親的聲音傳來。「早安！」母親說：「好像是昨天晚上的事情吧，富士山突然消失不見，引起了大騷動呢。」母親接著說：「NHK還作了實況報導。自衛隊好像派了直升機，飛到空中去確認情況，甚至還委託美國協助調查……」

聽到這一席話後，你會感覺在一瞬間找回了自己。原來自己並沒有搞錯。「我還在，我真的在。」「消失的不是我，是富士山。」

在這個時間點，我們可以明顯看出讓自己「確信自己存在」的並非富士山，而是與家人、其他人，或是社會的連結關係。即使富士山消失，只要跟社會還能保持連結，你的存在就能受到保障。藉著社會認同，我們可以每天都確認自己的存在，保持時間的連貫性。

共有的情感與規範，建立個人的社會存在

在社會化的關係連結下，你的存在得以受到保障，而那就幾乎是你「存在意義」的全部。除此之外，你並不存在。這是一件幸福的事情，因為如此一來，你就不會對自己的存在感到懷疑。

那麼，社會又存在什麼樣的機制，讓我們的心變得穩定，不會輕易動搖呢？有一部分先前已經說明過了，不過在此還是會從頭說明一次。

為了建立社會存在，前提是自己的心必須穩定。其中，有兩大必需要素，那也是安心感得以持續的基礎。

第一項要素是「情感共有」。這是指在生活之中抱持著與他人一樣的感覺或情緒，並藉著這樣的體驗來讓自己感到安心。看到富士山的時候，說了聲「好美

喔」，能夠得到「對啊，真的好美」之類的回應，就可以感到安心，因為那表示我們與他人看著同樣的事物，能產生同樣的感受。如果缺乏情感共有，人就會受到孤立的恐懼感襲擊，因而驚慌失措，完全無法建立存在感。

第二項要素是「規範信念」。這是指自己與他人之間有共同的規則（規範），彼此互相遵守，並從中得到安心感。假設有人破壞了規則，比如在電視上出現了盜取他人錢財的小偷，那麼新聞主播、社會的輿論、身邊的家人朋友等等，都會不約而同地表示「這個人好差勁」。透過這樣的方式，能讓彼此確認共有規範的存在，藉以感到安心。

共同的「感情」及「規範」，可以讓心變得安定，並維持人與人之間的關係。以此兩者為基礎，我們各自扮演著自己的「角色」，形成穩定的社會關係。

接下來一起來看，在人們的成長過程中，如何建立感情與規範的共有關係，以及自己的心如何變得穩定。

【第一階段】在依附關係下建立共同的感情及規範

在建立共同的感情及規範時，扮演著決定性關鍵角色的，就是親子之間的依附關係。

也就是說，母親將孩子的情緒視為自己的情緒，從感受心情的變化開始作起。以身體的感覺為基礎，讓母親與孩子之間建立起共同的感情。

孩子若是肚子餓了就會哇哇大哭，母親則在孩子肚子餓的時候，也會感到不適。母親一開始餵奶，孩子就會露出滿足的笑臉來。如此一來，母親也會感到滿足，自然而然臉上也會浮現笑容。這就是親子之間建立共同感情的起點。同樣的道理，孩子因為大便而哭了，母親也會感受到孩子似乎不太舒服，進而主動幫孩子換尿布。如此一來母子都會因為變得清爽而感到滿足。當孩子開始吃離乳食品，便可以開始跟母親一起用餐，兩人的關係又會再次昇華進化。

「魚好好吃喔！」「對啊，這條魚真好吃。」

這種「情感共有」的狀態，可以讓孩子產生「跟母親在一起」的安心感，並在確實感到自己存在的情況下逐漸長大。

接著，「情感共有」會形成規範（規則）共有的基礎。

比如說當孩子覺得冷的時候，母親也會感覺到冷，於是主動向孩子說「你看來很冷的樣子」，並拿出毛衣來孩子穿。透過這個互動，能讓孩子了解到覺得冷的時候，該怎麼表達自己的不適，而母親能夠解讀這樣的訊號，會讓孩子感到安心，穿起毛衣時也會格外感到心滿意足。

在這個過程中，孩子會記得「冷」的意義，並且了解基本的生活原則，也就是覺得冷的時候就要把毛衣穿起來。在情感共有的情況下，萬事萬物的意義也能同步化。因此，孩子會理解像是「今天好像變冷了，把毛衣穿起來」等生活規範。

在情感共有的情況下，母親會教孩子生活的規則。吃飯前要洗手、洗完澡要換衣服、睡前要刷牙、要把家庭作業寫完……等等。慢慢的，這些規則會拓展開來，轉變成對於社會規範的理解。

再次定義依附關係，如下所述：

①為了讓孩子發展正常的社會化關係及健康的心靈，必須要讓孩子與母親（或者至少一位主要養育者）維持依附關係，具有共同的感覺及情緒，讓孩子感到安心。

②以安心感為基礎，使事物的意義同步化，言語及生活方式互相理解，進而建立規範。這種基本的親子關係（通常是母子關係），就是所謂的依附關係。

③在成長的過程中，孩子會從理解家裡大大小小的約定事項，進而擴大到社會生存法則、維持人際關係的方法、法律與規則的認識等等，最後就能融入所有的社會規範。

【第二階段】青春期的自我認同

前述的社會存在確立之後，到了青春期會產生動搖。

我們從出生之後就一直跟在雙親身邊，建立共同的感情及規範，並藉以產生「社會存在」，但是，那些真的都是對的嗎？在囫圇吞棗的情況下所形成的人格特質，真的是自己想要的嗎？雙親所教的規則（社會規範）真的都是正確的嗎？當孩子開始會像這樣自問自答，重新思考自己的存在意義，就表示已經進入青春期，也就是所謂的叛逆期。

此時，孩子會再次回遡幾年來所建立的感情，調整自己的脾氣及喜好，檢討及調整自己的角色定位，並且對於教養方開始產生抗拒、再接受、放棄，不斷反覆建立新的解釋或理解，接著透過思考「自己真的是這樣的人嗎？」這個問題，來確定自己的定位（自我認同）。最後離開父母，在社會獨立，進而建立社會存在。

在這個時期，藉由依附關係所建立的共有感情，會轉化成對他人普遍性的信賴感。過往學到的生活規則，會成為社會化的規範（倫理、道德、規則、法律等等所有對人的約束），並開始內化。

內化所指的是將規範放在自己心中，變成自己遵守的原則。

在自己心中完成信賴感（感情共有）及社會規範的內化（規範共有），就可以確立自己的社會存在。

孩子度過青春期，才終於完成成年期的心理發展。

（4）異邦人——無法創造社會存在的受虐者

無法跟其他人一樣安心生活的異邦人

根據受虐者的共同心理特徵，我稱他們為異邦人。

他們跟其他大多數的普通人一起生活在同一個社會之中，了解社會的共同規則，也就是「社會化的規範」，並且也在生活中確實遵守。但是，因為他們無法與他人建立共有的感情，所以難以體會安心的感覺，也沒有辦法信賴他人。打個比方來說，他們就像是在其他星球長大的人，為了在地球生活而降臨。即使詳細教導他們社會的規則，他們還是會因為不知道心靈交流的方法而感到不安，並因此受到孤立。他們就是這樣的異邦人。

一起來看看他們的成長過程吧。

【第一階段】缺乏依附關係，因而無法建立共同的感情及規範

受虐者不曾具有過親子之間的依附關係，不曾體驗過和母親心意相通的感覺。

沒有人教他們食物很美味、玩具東西很好玩之類的生活準則。

當他們因為肚子餓而哭泣時，情緒起伏不定的母親雖然有時候會親餵，但也經常置之不理。當他們大便的時候，母親的反應也會因為當下的心情而有所不同。如此一來，他們心中對於自己肚子餓所引發的壞情緒，以及利用哭泣表達不滿的行為，就沒辦法和吃飽的滿足感串聯起來，等於無法透過和母親的聯覺進行確認。因此，他們的感覺和情緒便會混亂，對於「自己活著」的實際感覺也會變得相當淡薄。

冷到發抖的時候，因為沒有母親來關心說「你好像很冷」，所以無從判斷天氣到底是冷還是正常，甚至這件事情重不重要也不得而知，對於「冷」這個共通的字眼或是毛衣所代表的意義，全都變得曖昧不清。

就算是進入幼稚園或小學就讀，他們也會因為沒有與他人建立共同的情感，導致無法藉著與他人的關係來確認「自己是什麼樣的人」，也難以建立自己的形象。

他們沒有應從家庭生活中學到的生活相關規則。那是一個隨著父母親的情緒波動而改變的世界，沒有所謂的規則可言，所以他們上了幼稚園或小學之後，會有一段時間無法適應集體行動的生活方式。只能靠自己的力量來理解社會的規則。到了小學高年級之後，雖然可以大致建立社會規則，但因為他們並非透過「感情共有」

的方式來理解規則，只是強迫自己硬背，所以理解規則沒有辦法帶來安心感，而必須時時遵守的義務也會讓他們感到被束縛。

【第二階段】跳過青春期（叛逆期），直接變成大人（成人）

一般人都是在父母親的身邊長大，到了青春期之後才在精神面脫離父母親，開始獨立思考。然而，異邦人因為打從一開始跟父母親之間就沒有產生連結，所以也就沒有青春期（叛逆期）可言。從小時候開始，他們就必須要自立自強，或者可說是受到孤立。

以心理發展的順序來看，一般人是照著嬰幼兒期→學童期→青春期→成人期的順序發展，但異邦人的順序卻是嬰幼兒期→成人期，成長過程只分成兩個階段。

如此一來，他們在生活上無法建立情感共有。儘管他們嚴守社會上的種種規範，但卻對於這些規範所帶來的安心感及信賴感一無所知。因此，他們沒有辦法建立社會存在，呈現孤立無援的狀態，變成一個不安定的因子，總是懷疑著自己到底存不存在於這個世界上。

解離性障礙是暫時停止自我認同（社會存在）

為了讓大家更能理解自我認同（社會存在），我將以患有「解離性障礙」的精神病患者為例來加以說明。

心理的異常狀態持續時，容易讓人罹患解離性障礙，這是當患者必須直接面對令人不悅的恐懼、精神性的痛苦、絕望等情緒時，為了自我保護而觸發的一種防衛機制。比方說讓自我本體消失，藉以避免自己感到害怕，或是暫時讓自己從討厭的情緒及感覺中脫離，藉以保有自我等情況。

如果用我們自己身邊的體驗來說明的話，當我們突然受到劇烈驚嚇，說出「轟的一聲，把我嚇呆了」、「太過震驚導致於我一時之間忘記自己是誰」等話語，就是近似於解離的精神狀態。

根據國際疾病分類第十版（ICD-10, 1990）解釋，解離症狀為「過去的記憶及自我認同、直覺性的感受意識，以及身體機能的控制等相關的一般統合性能力，呈現部分或完全喪失的狀態。」

乍看之下相當艱澀難懂，所以我接下來逐一說明。

①「過去的記憶及自我認同」所指的是從出生到現在，自己人生歷史的連貫性以及自我認同。也就是指一路成長過來的那個「平常的自己」。

②「直覺性的感受意識，以及有身體機能的控制」所指的是在面對眼前的現實世界時，自己內心的真實感受，以及控制自己（自由意識）做出與那些感受相對應的行為。

在這兩者之間，「一般的統合性能力，呈現部分或完全喪失的狀態」。當我們必須直接面對難以接受的現實時，一直以來的那個「平常的自己」會暫時呈現崩潰狀態，變得無法像平常一樣對事物有所感受，也無法像平常一樣採取行動。

強大的精神壓力，像是突然變成犯罪事件中的受害者，或是遭受嚴重的災害時，任何人都可能發生解離現象，導致於完全喪失事發前後的記憶，甚至在一段時間裡呈現出與平常迥然不同的人格特質。

對異邦人來說，有兩個容易觸發解離性障礙的原因。

第一個理由是，他們原本就沒有建立起自我認同（在社會存在上呈現不安定的狀態），因此「平常的自己」也特別容易崩潰。第二個理由是，他們心裡所承受的巨大壓力，幾乎可以和受害者或遭受巨大災害的人相比擬。那就是從小開始就被虐待所造成的恐懼感。一般他們會將恐懼感隔離在意識之外，不讓自己輕易想起，藉此適應社會環境。然而，一旦因為某些狀況讓他們在面對現實時想起可怕的回憶，昔日的恐懼感又會再次降臨（情境再現，flashback），強大的精神壓力也會跟著爆發。

平常的我消失了五個小時——失去記憶的三日之旅

在此介紹一個解離性障礙的真實案例，這是發生在一位二十八歲男性身上的故事。

他獨居，自二十五歲開始不斷發生解離現象，精神常處於混亂狀態。當時有間醫院因為他的解離症狀所帶來的異常行為及幻想，判定他得了精神分裂症，但他的親友對這樣的診斷感到質疑，於是推薦他求助於我。

當時，他因為公司重組的關係失去了工作，正為了找新工作而開始接受面試。就在那時候，他出現了解離症狀。

他在面試的前一天晚上因為太過緊張，完全無法入睡。

面試的時候，有三位面試官接連對他提出問題。

「為什麼你會辭去上一份工作呢？就這樣辭職是不會太隨便了嗎？還是因為你不適合那份工作呢？」

「辭職之後的這半年，你都在做什麼？」

「為什麼會選擇我們公司？是真的想來上班嗎？」

面試過程中，面試官的語氣都非常嚴格，可以說是壓迫型面試。

結果進行到一半時，他就失去記憶了。

當他再次回過神來，發現自己正站在一個陌生車站的剪票口，右手拿著自己的公事包，左手則提著一個裝了書和食物的購物袋，但他對這個購物袋完全沒有印象。

「我今天應該是出來面試的……」他探索著自己的記憶。現在站在此處的自己，與早上的記憶完全連不起來。

他先確認了眼前的車站名稱，然後對照路線圖，找出面試時應該下車的車站。接著他在錢包裡找到一張收據，上面印有「○○超市・△店」。他也找到了△店所在的車站。他根據收據上所顯示的時間，藉著路線圖推測自己的行動，從面試的公司出來之後，大約已經過了五個小時。結束面試之後，他曾去買東西，最後便站在這個地方。大致上似乎就是如此。

在面對嚴厲提問的「壓迫型面試」時，在他腦海中浮現的，應該是小時候被父親虐待的景象吧。一旁還有對此漠不關心，從未幫助過他的母親。我想，他是因為可怕的經驗再次甦醒（情境再現），為了保護平常的自己，因而產生了解離現象。

他的解離性失憶症維持了五個小時，在那段時間裡，他完全「消失」了。

再舉另一個例子。這是一位三十五歲的男性所描述的故事，他也曾是受虐兒。他獨自住在東京下町的一間小公寓裡。

他在喪失了三天的記憶之後，回過神來發現自己站在札幌的路上，手上拿著旅行袋。袋子裡除了裝著換洗衣物和盥洗用品之外，還有一條「繩子」。自己到底是怎麼從東京到札幌的，他完全不記得。因為袋子上留有航空公司的行李條，想必他是搭飛機去的吧。

他盯著那條繩子看，確定自己應該是為了自殺才會帶著繩子……看來是發生了某些事情，導致於他策畫了一場死亡之旅。在那幾天，他就在失去自我的情況下完成了這趟旅程。

像這樣的狀況，一般稱為解離性漫遊症。

有些患者不曾在犯罪事件中受害，或遭受過嚴重的災害，沒有明確承受過巨大的壓力，但卻產生了解離性障礙，對於這樣的患者，我都會猜測他們在小時候可能遭受過嚴重的肢體虐待或性虐待。

解離症：自己的存在與對外界的感受都產生動搖

在描述異邦人曖昧不明的存在感時，一定要提到「人格解離」及「現實感喪失」等症狀。

兩者都是與解離性障礙非常近似的精神疾病，精神科教科書上一定都會介紹。然而，對於是否要將這些症狀統一成一種疾病，專家學者之間的看法似乎相當分歧。

解離性障礙指的是患者一時之間失去了「平常的自己」。當患者恢復正常時，都會察覺自己曾經中斷過。

但是人格解離並不是中斷，而是「平常的自己」仍舊持續存在，但相較之下顯得混沌不清，感覺自己好像存在，又好像不存在，彷彿有一半的自己消失了似的。

根據「精神疾病診斷與統計手冊」第四版（DSM-IV, 1994），人格解離的定義是「持續或反覆體驗到自己的精神或軀體脫離感，感覺自成為一個旁觀者」。

症狀有兩種，分別是：①對於自己到底是不是自己產生疑問，感覺個人體驗產生變化；②見到的事物與平常完全不同，對外界的認知產生變化。

我想應該每個人都曾經經歷過一、兩次類似這些精神狀態吧。

比如說感冒發燒躺在床上休息時，望向天花板，感覺到自己跟平常好像有點不一樣，因而覺得有些不可思議。我現在所看到的，真的是平常住慣了的自家天花板嗎？怎麼覺得好像看起來不太一樣……（對外界的認知產生變化）看著天花板的那個人，感覺也好像不是自己，平常的那個自己好像已經不見了（個人體驗產生變化），類似像這樣的感覺。

異邦人的社會存在並不安定，原本對於「平常的自己」就感到相當模糊，自己也不可靠，因此很容易產生人格解離的症狀，甚至有人慣性發病。

他們做出以下關於個人體驗的形容：

「總覺得自己沒有活著的真實感，無論做什麼事都像飄在半空中。」

「覺得自己好像不是自己。」

「無法確定自己是不是從以前就一直存在。」

諸如此類。

至於對外界認知的變化，他們的說法則是：

「我覺得自己和外界之間，隔著一層厚厚的玻璃，而我則是透過玻璃在看周遭的世界。聲音也像是透過對講機傳到我耳裡。感覺就好像在看電影畫面。我並非那齣電影的演員，所以不會出現在裡頭，即使有人跟我說話，回應的也不是我自己，而是某個扮成我的人。」

那種感覺就像是身為觀察者的自己與自己本身分離，也像是自己在抽離之後開始觀察自己。總而言之就是從自己的身體抽離（靈魂出竅）。

日常生活的靈魂出竅體驗

接下來要提到的故事是發生在一位四十一歲的女性身上。

她在四、五年前開始就受憂鬱的感覺所苦，產生慢性疲勞及全身痠痛等症狀。為此她跑遍了各大醫院的內科、外科、腦神經外科、整形外科、精神科等門診，接受過各式各樣的檢測診斷。結果查出的病名有慢性疲勞症候群、纖維肌痛症、肌筋膜疼痛症候群、視丘疼痛症候群、心因性疼痛、憂鬱症……等等，服用過的藥物有止痛藥、肌肉鬆弛劑、抗憂鬱藥物、抗痙攣藥物、維生素錠，甚至還有中藥。另外，她也會接受物理治療，比如說按摩、氣功、針灸等等，做過的治療五花八門，卻都沒有任何效果。

剛開始接受這些治療的時候，她曾說過：

「小時候我老是會看到一個小孩子從上面看著我。當我被打的時候、哭泣的時候、難過的時候，還有悲傷的時候，這個孩子都會一直看著我。有許多相同的孩子存在，而這些孩子中也有一些不斷死去。

我全身疼痛，完全動彈不得，一整天都躺在床上。頂多只能拿寶特瓶裝點水喝，連翻個身都疼痛不已。因為動也動不了，所以我覺得自己如果再這樣下去，應該會孤獨死去。

每當放在枕頭邊的手機響起，我只想著『又響了』，完全沒有接聽的動力。那個孩子今天也同樣從天花板上看著如此痛苦的我。我看得到躺在床上痛苦萬分的自己，我正俯瞰著我自己。

因為有那個孩子，我才能繼續活下去……」

另外，她還說道：

「現在，我的人生就像是在看電視，已經可以由我自由掌控了。只要有不想看的畫面出現，我就會用遙控器切掉它。如果切不掉，就把音量降低。如此一來，眼前的畫面雖然仍舊播放著，但我就只是一個在旁邊觀看的人。以前，我一直以為自己如果沒有達到父母的期待，就會被『拋棄』。因為自己不存在，所以可以客觀地去觀察自己與家人，還有家裡附近的所有狀況。

因此，我對於周遭的事情沒有任何興趣。雖然假裝自己好像很熱衷，但其實一點興趣都沒有。

常會有人說我『為什麼說話的語氣這麼冷靜又平淡呢？』

但我反而卻覺得，為什麼大家都可以如此積極地訴說人生呢？」

患者因為想要從令人難以接受的事實或不想有任何關連的現實中逃脫，因此產生了人格解離的症狀。有時候在生活中不斷向前邁進的「人格主體」，如果因故中斷了，也有可能會發生這樣的情況。

一般來說，自己（自我）與外界是融合為一體、密不可分的，但患者們的自我卻因故分離了。

經過諮詢及身心的深度療癒休養，一年後她身上的疼痛終於消失了。但是，原因仍舊不明。但當她的身心從過度緊繃的狀態中緩和下來之後，身體的疼痛也跟著改善了許多。由此可見她全身疼痛的原因，應該就是壓力。

（5）兩個迥然不同的世界——心靈膠囊的內部及外部

聽了許多遭到虐待的情況下長大的人，也就是受虐者（我在心中暗自稱他們為異邦人）對自身狀態的闡述之後，我漸漸覺得，我們所生存的世界，跟他們身處的世界，是不是迥然不同呢？

就算看著同樣的東西，但如果賦予的意義不同，看起來也會變成不一樣的東西。

比方說一朵紅色的花，有人看到這麼漂亮又可愛的花，就想要摘回來插在家裡擺飾，也有人認為這朵花蘊含著猛烈的毒性，足以致人於死地，對這兩種人來說，紅色的意義就截然不同。不管誰對誰錯，同樣一朵紅色的花，事實上已經變成不同的花了。

賦予事物意義的，是我們的心。內心的想法有所不同，反應在事物上也會產生差異。

同樣的道理，為這個世界賦予意義的是我們的心，內心的想法有所不同，這個世界的樣貌也會有所不同。

先前已經闡述過異邦人與「一般人」在存在感方面的差異，包括：「好想消失」及「好想死」在生死觀念上的差異；在面對人生的幸福時，態度上有所差異；對於時間的感覺也不太一致；自我認同與社會存在方面也有所不同。這些關鍵要素，都是由內心的想法所決定的。而這些差異，對我們所生存的世界來講，就會讓所有事物的意義都變得迴然不同，因此，即使看著同一個世界，卻會呈現出不一樣的風貌。

這種心態上的落差，只是看待世界的角度不同，或者是整個世界全然不同？在此無法證明。我和他們雖然貌似生活在同一個世界裡，但其實卻分別身在全然不同的世界。

因此，我們可說地球上有兩個完全不同的世界。就我的認識來說，世界的結構就如同以下的說明：

這個世界的結構是由兩個完全不同的世界加上宇宙這三大部分所構成的，這三個元素就像是圓心重疊的同心圓。

在同心圓最內層的，是最多人居住的「一般世界」，大部分的讀者都是這裡的居民。往外一層，有一個不為人知的世界，連我都不太了解，那是在「一般世界」外圍的帶狀世界，我們稱它為「邊緣世界」。最後，在最外層的地方，就是所謂的宇宙。

內層的兩個世界，就是根據內心想法不同而產生差異的世界。

①最內層的一般世界，就是我們所居住的地方。

②圍繞著一般世界的邊緣世界，就是異邦人（受虐者）居住的地方。①②是存在於地球上的兩個世界。

③最外層是廣大無邊的宇宙。

最內層的「一般世界」，是我們心目中的「這個世界」。在這個地方，我們心裡的想法都很接近。許多人堅定地相信這就是世界的全貌。在這個世界裡，如果過得痛苦，就會讓人「好想死」。我們每天感受著自身的幸福，並在與他人比較的過程中繼續活著，藉著社會存在來確認自身的「存在」。

因為具有共同的感情與規範，可以讓安心感獲得保障，所以也可以稱為「心靈膠囊的內部」。

在一般世界的外部是「邊緣世界」，受虐者出生之後就被踢到這裡，只能在孤立的狀態下在這個世界裡生活。在這個世界，一旦感到疲憊，就會想著「好想消失」。但他們並不會拿人生的幸福跟其他人做比較，這就是邊緣世界的情景。不過，因為在這個世界裡，自己與自己的社會存在曖昧不清，所以異邦人對於自己是否真的「存在」，總是抱持著疑問。邊緣的世界並不是「這個世界」，或許可以想成是我們死後的世界，或者是奇幻領域中所說的平行世界，甚至，當我們站在哲學的角度，思考著我們是否真實存在的時候，可以當作「一般世界」的對照。

接下來，在這兩個世界的最外層，還有「宇宙」的存在，就如同字面上的意思，根據現代宇宙物理學所定義，一百三十八億年前（以現在的時間點來計算）所誕生的宇宙。在偌大的宇宙裡，有會讓時間停止的黑洞，似乎也有可以穿越時空的蟲洞。因為那是我們無法想像的世界，所以或許存在於地球上的兩個世界，必須要有完全不同的心理學來因應。當然，那也是本書無法觸及的領域。

接下來針對位在三個同心圓內部的兩個同心圓來做點深入的分析。兩個同心圓指的是我們所生存的世界，或者應該說是我認為我生活著的「一般世界」，也就是「心靈膠囊的內部」，以及圍繞在外層邊緣的另外一個世界，就是所謂的「邊緣世界」。

兩個世界的邊界非常明顯。不過，大部分的人，包含我自己在內，從小到大都是生活在內部之中，所以看不到兩者的邊界。往外頭望去，只會看到宇宙。然而，從出生開始沒多久就被踢出一般世界，並且就此生活在邊緣世界的他們，都可以看得到邊界。對他們來說，內部是多數人生活著的安全世界，而孤立無援的他們，背後是無窮盡的宇宙。

認識這些異邦人，得知有兩個世界的存在之後，我才發現到原來我從小到大所認定的這個廣包一切的世界，實際上只是一個小小的世界。我甚至覺得那就像是被封閉在心靈膠囊之中一樣。

不過，對於心靈膠囊所帶給我們的好處，我倒也因此能夠理解。心靈膠囊一直守護著住在內部的我們，在那之中，沒有極度悲慘的事情會發生，也不會出現無法應對的可怕事件。我們都活在彼此信賴、彼此相愛的環境裡。所以對於住在心靈膠囊內部的人來說，人生最可怕的事情就是死亡，我們的想法都被限縮在這一點上。在膠囊內部的人，如果因為種種理由而無法得到理想中的人生，就會想要一死了之。

不過，也有些例外的情況會發生。即使是一般人，還是可能暫時被踢到膠囊的外部，比方說創傷後壓力症候群（PTSD），或是解離性障礙等情況。

得知有兩個不同的世界存在之後，我理所當然會用一般世界加以對照。但事實上世界比我們所想像的還要大，心靈的可能性是沒有任何限制的。

第三章

受虐者的真實樣貌

在這個章節裡，我將說明受虐者的分類，以及嚴重程度的差異。以虐待兒童的事件來說，在報紙或電視媒體上所報導的情況，與現場實際看到的、了解到的情況之間，有相當大的落差。基本上無論在任何一個領域，新聞報導及事件現場，或多或少都會產生不同的見解，然而在虐待的相關問題上，兩者之間的差距卻非常大。

我從前也都是藉著新聞媒體的報導得知虐待兒童的事件。現在回想起來，對於那些報導的描述，雖然感到不對勁，但當下並沒有深入去探究。之後，我到兒童家庭支援中心及兒童諮詢中心進行案例的討論時，才有了站在現場的角度看這個問題的機會，並且了解到那種感覺從何而來。

我之所以會覺得不對勁，應該是因為事件發生的背景，隱藏著精神科醫生才看得到的真相。

每個人都會根據自己的人生經驗來推斷眼前所發生的事件，這是理所當然的事情。當我在思考施虐的原因時，心底也是默默地以自己成長過程中的親子關係以及家庭環境，來當作評判的標準。總而言之，就是用「一般」的角度來解釋我所看到的事件。這就是感覺奇怪的主要原因。

比方說有個朋友告訴你「前不久我跟女兒吵了一架，吵得很嚴重，她氣得躲進自己的房間，怎麼都叫不出來」。大概有百分之九十以上的家庭，對於這個場景所想像出來的畫面應該都是相似的。大概就是母親在爭吵過後，一邊碎碎念，一邊在客廳看電視。而女兒則是躺在床上，大口大口地吃著餅乾，玩著手機，把母親的事情全都拋到腦後……但是，對某部分的家庭來說，那個當下所發生的事情，是完全無法想像的。百分之九十以上的一般家庭，與少數異常家庭之間，隔著一條深深的鴻溝。

一般人的經驗所導論出來的推測或想像力，無法適用在虐待相關的問題。

由於我曾多次為長大後的受虐者進行心理治療，讓我更加了解一般人真的很難理解虐待兒童背後所蘊含的種種問題。

（1）兩個判斷標準，確認是否受虐

虐待還是失控？

身體方面的虐待包含：爆打、痛毆、猛踢、扔擲、抱起來猛轉、推倒、摀住口鼻企圖讓孩子窒息、用菸頭或熱水燙、關進衣櫥、長時間把孩子關在外頭、不准孩子出門、讓孩子一直跪著或一直罰站……

在這些狀況裡頭，若光只是看「爆打」及「痛毆」，應該會覺得每個家庭都可能發生吧。

像是「我一時理智斷線就打了孩子」或「孩子完全不聽我說的話，所以我就打了孩子的頭」等情況。

很少有母親從來沒打過孩子的頭吧。

難道說這就是虐待嗎？

事實上，在保健中心或兒童家庭支援中心等單位，都有許多母親主動前來諮詢，因為她們很擔心自己的所作所為會不會就是虐待。

「我打了孩子，這樣算不算是虐待呢？」

首先，自己主動尋求諮詢的母親，大多都不是虐待。這是我的經驗所告訴我的法則。因此，我總是會一邊想著應該不是虐待，一邊詳細確認「施暴」的狀況。

最近有兩起「暴力行為」發生，在我詳細聆聽事件過程後的結論是：

「那不是虐待，只是妳『失控』了。」

母親的臉上，瞬間浮現了安心的表情。

在看到對方的反應後，我就能更加確信自己「並非虐待」的判斷是對的。因為對方不僅反省了自己的暴力行為，而且被說不是虐待的時候，心情頓時安心不少，像這樣具有正常心理反應的母親，並不會有施虐的「異常心理」。

為了判斷孩子是否遭到虐待，我會用以下兩個角度來審視事件。

第一是探討實際的施虐內容是否具持續性以及異常性。

第二則是分析親人在施虐時的心理狀態，這是比施虐內容更重要的關鍵重點。

接下來我將在（2）探討施虐內容的持續性及異常性，在（3）探討母親在施虐當下的心理狀態。

（2）虐待的持續性與異常性——虐待判斷標準1

虐待兒童的五種分類

談到虐待兒童，大家最先想到的應該都是身體上的暴力相向，以及監禁之類的情況，但其實虐待有許多不同的類型。根據施虐的狀態，兒童虐待可以分成以下四種類型（二〇〇〇年「日本兒童虐待防止等相關法律」）：

（i）身體方面的虐待。

（ii）嚴重疏忽（放棄養育）。

（iii）精神方面的虐待。

（iv）性虐待。

在防止兒童虐待事件發生的團體或個人之間，經常使用這四種分類。

我自己另外再加上一項：

（v）精神方面的嚴重疏忽。

就是以上這五種分類。我之所以會加上第五項，是因為在了解虐待的本質之後，認為這是不可欠缺的一環。詳細重點請容我後續再作說明。

回到主題，父母親一時的「失控」或「發狂」，跟虐待是完全不同的兩回事，中間可以拉出一條明顯的界線。不過，一般總是很容易誤解成「父母的暴力就等於虐待」。為了幫助大家正確地理解，接下來我將深入說明虐待的順序。

要區別父母親失控的暴力與虐待之間的不同，首先就是要關注事件的持續性及異常性。

（i）身體方面的虐待

如前面所述，身體的虐待包含：爆打、痛毆、猛踢、扔擲、抱起來猛轉、推倒、摀住口鼻企圖讓孩子窒息、用菸頭或熱水燙、關進衣櫥、長時間把孩子關在外頭、不准孩子出門、讓孩子一直跪著或一直罰站等等。

身體虐待的持續性

身體方面的虐待與一時的情緒失控之間最大的差異，就是持續性。長達幾個月甚至是幾年持續發生。我整理了專家所作的研究，藉以作為判斷暴力是否具持續性的判斷標準。

某次，兒童家庭支援中心收到了幼稚園的受虐通報。

通報的內容是：「園裡的孩子身上有傷痕和瘀青，我們擔心不知道會不會是遭到虐待，所以主動跟你們聯繫。」

①首先，深入詢問傷口的詳細狀況。

「傷痕或瘀青在哪些部位呢？」

「今天早上發現孩子的臉上有擦傷，檢查後發現手腕及腳上也都有傷痕和瘀青。」

「手上及腳上的瘀青大約有幾個？是什麼顏色的？」

「右腳有三個地方，左腳則有四個，瘀青的顏色則是新舊都有，混雜在一起。」

聽到這裡就大概可以判斷出來，孩子身上一個一個的傷雖然不嚴重，但卻明顯具有持續性。

「這是你們第一次發現他身上有傷痕及瘀青嗎？」

「不是，三個月前他的右手腕上也有發現傷痕，但當時並沒有檢查其他部位。」

由此可知，這個孩子持續好幾個月身上都有出現傷痕，疑似受虐的機率非常高。接下來還要檢查他的肚子、背部，以及頭髮等部位的情況。

②接著會詢問孩子在幼稚園的各種表現，結果顯而易見的，孩子的心靈也受到了創傷。在呼喚孩子姓名的時候，他有什麼反應呢？會微笑以對嗎？用餐的時候能安心享用嗎？跟其他小朋友的互動狀況如何？會一起玩嗎？有辦法表達自己的想法嗎？

為了得到有效的情報，我大多會詢問經驗豐富的保育員這個問題：

「這個孩子跟園裡的其他小朋友比起來，有什麼不一樣的地方嗎？」

保育員的說法非常清楚明瞭，讓人一聽就懂。

「這孩子跟其他小朋友有些不一樣，他總是非常緊張」、「他幾乎都自己一個人行動，看起來提心吊膽的，好像在害怕些什麼」。

③最後，也是最重要的情報，就是母親跟孩子相處的狀況，問到這裡，應該就可以窺見全貌了。

「一看到媽媽，這孩子就會變得很緊張……」一般都會得到類似像這樣的說法。

至於母親的情況，我將在下一章節加以說明。

身體虐待的異常性

異常的狀況只要曾經出現過一次，就算沒有持續性，也都必須強烈質疑孩子遭受虐待的可能。

比方說用繩子把孩子綁住後吊起來、把孩子的頭壓入裝滿水的浴缸、用菸頭燙孩子、在寒冷的冬天讓孩子裸身站在陽台兩個小時、讓孩子滿身是血地站在玄關哭泣……諸如此類的情況。

這些都是理智突然斷線的母親，即使再怎麼抓狂（失控）也不該出現的暴力行為。如果雙手或脖子出現遭到綑綁的痕跡，那就是異常狀態。

身體方面的虐待如果實屬異常，那麼就算不聽取母親的說法，也可以判定孩子「遭受虐待」。不過，了解母親的心理狀態「異常到什麼程度」，對保護孩子來說是重要的關鍵。

（ii）嚴重疏忽（放棄養育）

嚴重疏忽（放棄養育）所指的是應該要負起養育責任的父母親，卻對孩子漠不關心。大致情況有：不給孩子吃東西、阻礙孩子發育（身高、體重）、長時間讓孩子自己待在家裡、把孩子關在置物櫃裡、把孩子遺留在車上、孩子生病了也不帶去看醫生等等。

疏忽的情況會依照孩子的成長階段而有所不同。

不同年齡層的疏忽案例

以嬰幼兒時期來說，包含不給孩子喝奶，導致體重沒有正常增加、不幫孩子換尿布，導致肌膚腫脹潰爛，只給孩子吸已經沒有母奶的乳房，卻不提供離乳食，明明有腹瀉及發燒的症狀，但卻置之不理等等。

利用標準身高體重的增加幅度參考圖表（成長曲線圖），可以很快就判斷孩子實際的成長狀況。若是遭到嚴重疏忽的對待，孩子的體重將不再增加，導致於偏離正常的曲線。低於標準值兩個標準差（-2SD），就觸及警戒線，也表示孩子持續遭受疏忽的可能性相當高。

孩子開始上學之後，疏忽的情況會有不同的表現方式。

像是孩子在家幾乎沒有飯吃，所以一天只吃一餐，這樣的孩子在供餐時總會狼吞虎嚥，還會吃其他孩子剩下來的食物；總是穿同樣的衣服，就算是寒冬也穿著薄衣、這些都是很明顯的異常現象。

有個小學一年級的男童，早上向父母表示自己身體不舒服，但父母只丟下一句

「去學校就會好」，照常讓他出門上學。當保健室的老師幫他測量體溫，發現他高燒三十九度。老師打電話請父母到學校接他回去，但父母卻不打算到學校接孩子，只說「我們有重要的事要辦」。

在這個案例之中，有兩個很明顯的異常現象。首先是孩子發燒了父母卻沒發現，再者是都已經主動聯繫了，父母卻不肯到學校接孩子回家。只要確定發生過這種情形，就算只有一次，都很有可能是嚴重疏忽。

另外有個女童在就讀小學之前，從來沒有接受過健康檢查。在上學之後首次檢查，發現她有先天性的足部異常，然而父母親卻完全不知道。

在接近青春期時，遭到疏忽對待的孩子已經可以保護自己了。

例如有個女學生因為家長不幫忙支付高中學費，於是就在放學後去打工賺錢，藉此順利完成學業。她上課幾乎都在睡覺，好不容易勉強畢業。不過，她的家庭並非特別貧困，只是父母把錢都用在自己的玩樂上。

還有一個孩子為了存下學校畢業旅行的費用，自己努力賺錢。他謊稱自己是高中生去打工。但存錢的事情讓父母知道了，結果父母打電話告訴校方「我家孩子不參加畢業旅行」，然後把錢都拿走了。

（iii）精神方面的虐待

父母忽視孩子，或是持續採取異常的拒絕態度，都會在精神上將孩子逼到絕境。當異常的言語暴力或是威脅持續，會對孩子的精神狀態帶來莫大的壓力。

另外，像是跟其他兄弟姐妹比起來，明顯有差別待遇，或是夫妻在孩子面前暴力相向，這些都屬於精神層面的虐待。

持續性的精神虐待，會讓心理不斷累積重大傷害，但因為那是肉眼無法發現的傷，所以對一般人來說也難以想像。即使是專業的研究員，也有可能會忽略。

精神受虐兒童所產生的異常行為

過去曾經有一個青春期的女學生跟我說過這樣的話：

「我只有從父母親那邊受到語言暴力，所以沒有人能夠了解我的心情。如果把那些心裡的傷表現在身體上，那我不知道全身已經流了幾次血，骨折了多少次。不過，那些是眼睛看不到的，也不會殘留痕跡。明明殺人未遂在刑法上是一種罪刑，但若是用語言攻擊，就算殺了人，也不會受到懲罰。」

然而，這種看不見的流血事件，卻因為姐姐的暴力行為而使鮮血在真實生活中登場。

在她小學三年級的某天，她頭上頂著偌大的傷痕來學校上課。校方跟家長取得聯繫之後，發現她跟姐姐吵架了，但當時並沒有繼續再往下追蹤。

「那個時候，我的頭是被剪刀刺傷的。」

姐姐對妹妹的暴力行為是日常景象。父母親對她和姐姐都曾施以精神虐待，但對待姐姐的情況更為嚴重。結果，姐姐的恐懼與憤怒，就全部傾倒在比自己還弱小的人身上，於是妹妹變成了宣洩壓力的出口。

在同樣的心理機制下，受到虐待的孩子會有欺負動物（甚至是殺害）的舉動。她在就讀小學低年級的時候，也經常會欺負男生。但是升上高年級之後，這種現象就停止了。因為她了解到這些行為會被老師討厭，而且對自己也沒有任何好處。

在幼稚園或學校時，如果孩子有超乎年齡的異常言行，或是欺負弱者的行為，一定要多加注意。不僅要注意孩子的狀況，也有必要深入了解造成孩子異常行為的背景因素。

注意父母的異常言論

另外有一個小學二年級的女同學被媽媽如此斥責：

「妳真是個沒用的孩子。妳要是再不聽我的話，我就把妳全身剝光賣給男人！」

被罵的隔天，女同學到學校跟老師說了這件事，而老師及學校的心理輔導員都覺得「父母說出這種話太過分了」。也就是說，從一開始他們就發現了異狀。但是在那時候，他們以自己所處世界的常識來判斷整件事，得出「父母不可能說這種話」等結論，在沒有意識到的情況下否定了其中的異常狀態。

虐待發生在異常的世界。在那裡所使用的語言，跟平靜的日常生活中所使用的語言完全不同，所以一般人無法理解。

受虐通知（受虐者通報）有一個狀況我們在現場稱為「哭聲通報」。像是「我不斷聽到孩子的哭聲及父母親怒吼的聲音，這會不會是虐待」之類的通報。在這樣的情況下，了解發生的頻率（持續性）以及父母親說了哪些話、怒吼的內容（異常性），都是非常重要的。

若是從小就遭受到精神虐待，會把所有被告知的事情當作「理所當然」，因此孩子不會覺得自己受到脅迫，或是遭到否定。然而，精神虐待會對孩子的自我、自尊心，以及自我認同造成嚴重的傷害。這樣的傷害，會在升上小學或來到青春期，甚至是出社會，在生活上承受更多壓力時，一口氣爆發出來。此時，只要稍微一用力，就可以切斷繃緊的細線，讓心理平衡澈底崩潰。當精神陷入混亂狀態，可能會突然動彈不得，或是因為害怕人群而變得不敢外出。其它像是沒辦法與人對話、感受到原因不明的疼痛、難以治癒的消化相關症狀等現象。最後變得再也無法回到一般的日常生活軌道上。

我在診所看診時，曾發現過憂鬱症或厭食症的患者，會出現一些難以理解的症狀。這些症狀，往往都能歸咎到虐待所造成的心理傷害。

（iv）性虐待

性虐待的問題就不是以程度或持續性來區分，而是一旦「發生過」，程度就已經越線直達重度虐待（重症等級四以上）。

父母強迫孩子進行性行為、出於性方面的關心而碰觸或窺看孩子的身體、父母或父母的朋友對孩子做出猥褻的行為，或是讓人對孩子做出猥褻動作、讓孩子看性器官或性交的畫面、讓孩子成為情色資訊的主角等等。

性虐待事件往往會被家人隱瞞，因此身邊的人難以察覺，也比精神虐待更難被發現。因此，必須更加敏銳觀察孩子的行為。比方說，對於成年男性的警戒程度超乎正常範圍，或是過度諂媚、對於性方面過度關注、害怕跟大人私下相處、談到父親或一起住的男性時，會顯露出害怕的樣子……以上這些狀況都是。

通常性虐待的被害者自己並不會主動提起，大多都只是在言談間流露類似的氛圍。

「五年級的時候，爸爸摸了我的胸部。」

有位女性在診療的時候突然這麼說。但除此之外，她就沒再多說什麼。在短暫的沉默過後，她便將話題轉移到其他地方。

在如此簡短的一句話之中，可以得到什麼訊息呢？

首先當然就是父親對她的性虐待，而且想必不只一次。第二，就是沒有察覺異狀的母親對她的忽視。也就是說，這是雙重虐待事件。

遭受性虐待的孩子，到了青春期時罹患解離性障礙的案例非常多。另外，在長大成人之後，也容易成為性方面的受害者，或是婚後家庭暴力的受害者。

以上是四種虐待類型的概述。這些都是日本兒童虐待防治法定義的虐待行為。

根據先前所談到的內容，我自己在這四個項目之外，再加上如後面所述的「精神方面的嚴重疏忽」，將虐待的類型分為五種。

（v）精神方面的嚴重疏忽

精神方面的嚴重疏忽，指的是父母親和小孩子之間沒有建立依附關係，導致於孩子的心理發展受到阻礙。依附關係不成立，表示孩子精神方面的嚴重疏忽。

我之所以會想把精神方面的嚴重疏忽加上去，是因為在日本法定的四種虐待類型之中，必定都會伴隨著某種精神方面的嚴重疏忽。所有的虐待事件背後，一定都會有精神方面的嚴重疏忽存在。

比方說，如果發生了身體方面的虐待，那麼背後一定還隱藏著父母親精神方面的嚴重疏忽，對孩子的身體及心靈方面的痛楚漠不關心、完全不試圖理解孩子的心情之類等。其他三項，包含嚴重疏忽、精神方面的虐待、性虐待等，也都是如此。

另外，也曾有過發生精神方面的嚴重疏忽，但並未伴隨其他四種虐待的情形。單就精神方面的嚴重疏忽來看，具體的行為有不跟孩子打招呼，沒注意到孩子想和父母交流的訊號，無論孩子沮喪或高興都漠不關心、孩子傾訴煩惱時，父母卻漫不經心；孩子哭泣時，不會安慰孩子，以及孩子開心的時候，不會跟著一起開心等。

接下來將用實際的例子比較「嚴重疏忽（放棄養育）」及「精神方面的嚴重疏忽」兩者的差異。

發燒到三十九度，父母親也沒注意到，不會主動帶孩子去醫院就診，這是屬於嚴重疏忽。另一方面，會帶孩子去醫院，但是卻完全不會擔心，就屬於精神方面的嚴重疏忽。默默地讓醫生診斷，默默地把孩子帶回家。完全不會問孩子「還好嗎？

還會不舒服嗎？」

沒有提供孩子充足的食物，是屬於嚴重疏忽。但給了食物卻完全沒問過「好吃嗎？」或是「肚子飽了嗎？」彷彿只是丟飼料給孩子一般的餵養方式，對於孩子的心情全然不聞不問，這就是精神方面的嚴重疏忽。

不給孩子教學旅行的費用是嚴重疏忽；孩子有主動提就會給，但若沒提就會當作沒這回事，這是精神方面的嚴重疏忽。

接下來要介紹的這位女性，小時候並沒有遭受過四種一般類型的虐待，是只有受到精神方面嚴重疏忽的案例。

無法表達自己意見的二十七歲女性

瀨戶美佳小姐（來門診時為二十七歲）因為遭受過精神方面的嚴重疏忽，導致罹患「妄想症」。當時情況非常嚴重，甚至還讓人誤以為她得的是精神分裂症。

她從小時候開始就都是自己一個人玩。雖然手邊有繪本，但母親從來沒跟她一起看過。她自己一個人翻閱繪本，一直盯著圖畫看。對於繪本的內容，儘管她都能夠理解，但因為從沒有人和她討論，所以沒有什麼感想。她從沒被問過開心嗎、高興嗎、好吃嗎、難吃嗎……等等問題，所以也從沒表達過，就連想都沒想過。她並不了解自己的情緒。

她的母親帶她來我的診所。初次見面時，她看起來就好像公主一樣。美麗的臉龐上一直掛著平穩的笑容，對於我的問題也一一仔細回答。在她身旁同樣氣質高雅的母親看起來很年輕，回應問題時卻顯得有些遲鈍。

她從很好的大學畢業之後，就進入公司工作。她在處理一般事務的時候相當俐落，而且都會把交辦的事情確實做好。由於工作上的表現獲得了認可，她因此被調任到企劃部。

在那裡，與他人討論及交涉的機會很多，必須自己做決定的事情也增加了。結果，她卻慢慢地被孤立起來。為什麼會如此呢？因為她可以把被交辦的事情做好，但是卻沒有辦法表達自己的意見，導致跟同事或上司溝通的時候，總是會被打斷。在工作上她看不到自己該在的位置，甚至，工作環境中的默認，背後代表著了解或同意，以及團隊之間共同的默契，這些她都無法理解。而這些問題都從職場上的人際關係中逐漸浮現。

聽到同事隨口說一句「為什麼沒有做那件事呢」，她就會不安地想著「該不會就只有我不知道吧」。當上司說「上次說的那件事聯絡了嗎？」她也無法理解是什麼事，煩惱著不知道該怎麼聯絡才好，因而遭到孤立。但是，她完全不曾帶著心裡的疑惑去詢問同事或上司，並試著解決。也不知道這樣的方法。

逐漸膨脹的孤立感及遭受迫害的感覺，終於在某一天蔓延為妄想。

「警察單位在我不知道的時候開始展開行動了。我遭到監控，走在市區的街道上，監視錄影器都會盯著我。為什麼要追著我的隱私不放呢？我一點都不想要這樣。」

她認為就連自己的家也遭受波及，所以一直緊閉門窗。她向公司請了假，就這樣一直躲在昏暗的房間裡。

對於不停說著「好可怕」的女兒，母親完全不過問原由，就直接帶她去精神病院。結果，她被診斷為精神分裂症，入院住了三個月，出院之後才來到我的診所求診。

被害妄想的內容，的確與精神分裂的症狀有點類似，但是，她在跟我說話的時候語氣非常平穩，而且內容也都與現實相符。詳細聽完症狀之後，我研判她的症狀應該並非「精神分裂的被害妄想症」，而是「妄想症的被害妄想」。前者是大腦功能異常（大腦代謝異常）所引起，因此會有非常強烈的非現實性妄想；相對來說，後者的起因是精神方面的問題，所以表現會較為平穩，妄想也較具現實性。

她之所以會被逼到產生被害妄想症的原因，就是從小就受到「精神方面的嚴重疏忽」，也就是缺乏依附關係。

她的母親是一個對生活的理解相當粗淺的人，煮飯、洗衣、打掃以及養育孩子，全都有做到，所以並非「嚴重疏忽」。但是，她是一個無法給予心靈關懷的母親。雖然會給孩子繪本，但卻不會陪著一起讀，更不會去聆聽孩子內心的感想。雖然會煮飯給孩子吃，但卻從沒說過「好吃嗎？看來妳很喜歡吃肉呢」之類的話。孩子跌倒的時候會把孩子抱起來，但卻不會說「很痛吧？好勇敢喔！」身為母親，她也從沒罵過女兒。

倘若沒有心理層面的交流，孩子就無從得知自己喜歡什麼、什麼才算是「好吃」、什麼事必須忍耐，就在什麼都不懂的情況下被扶養長大。

在幼稚園的時候，當老師問起「這是什麼顏色」她可以正確地回答「是藍色」，但如果問題是「妳喜歡什麼顏色」，她就沉默不語了。其他的孩子都會精神奕奕地回答「我喜歡粉紅色」，這是她第一次感受到被孤立以及被疏遠的滋味。

她的母親有輕度的智能障礙。就我跟母親稍微聊過之後的印象，我認為母親的智商大概在七十到七十五之間。所以，這並不是母親的責任。然而，美佳的心靈成長過程卻受到嚴重疏忽，因此她才會抱著「活著好痛苦」的沉重想法。

與嚴重疏忽不同，也與精神虐待不同。這是精神方面的嚴重疏忽。

（3）親子關係不順的虐待——親子心理狀態評估

「一般家庭」不會發生虐待事件

在虐待與否的評判標準中，第二個重要的項目是對於母親精神狀態的評斷。

至於要評斷些什麼呢？主要是看母親有沒有能力跟孩子培養出依附關係。這不僅可以用來判斷有沒有虐待行為，更是保護孩子的重要評斷，不過，令人感到意外的是，在現場實際運作時常會有漏網之魚。

母親和孩子之間若能夠建立依附關係，就不會產生虐待事件。

原因就在於母親能對於孩子的疼痛、辛苦、難過等狀態感同身受。

孩子如果因為受傷而哭泣，母親心裡往往會覺得比孩子還痛，因此就不會有持續對孩子暴力相向的狀況（不會發生身體方面的虐待）；孩子感到寒冷的時候，母親也能夠感受到寒意，於是會脫下自己的衣服給孩子保暖（不會有嚴重疏忽的情況）；孩子如果情緒低落，做媽媽的會像是自己應該負起責任一般詢問：「你怎麼了？」（不會發生精神方面的虐待）；倘若出現可能傷害女兒的性虐待事件發生，母親肯定會拼命保護女兒（不會發生性虐待）。

因此，具有正常依附關係的「一般家庭」裡，並不會發生兒童虐待事件。而且，對正常人來說，依附關係是理應存在的親子關係，都很難想像這層關係「不存在」。

這就是大多數的人對於無法理解虐待事件的最主要原因。

然而，仍然有無法建立依附關係的家庭存在。

無法建立依附關係有幾個重要的原因，其中最常發生的，是施虐的母親或父親，因為不明原因患有精神方面的疾病。具體有以下三種類型：

①智能障礙。

②智能障礙之外的其他發展障礙。

③重度精神障礙。

（為了讓具有專業知識的讀者進一步了解，我特別加了以下說明。這裡所指的智能障礙是輕度智能障礙及智商較低者。若是中等程度以上的障礙，即使能夠懷孕生產，但對於出生的孩子並沒有照顧的能力，所以也不會發生虐待事件。另外，在精神障礙方面，以憂鬱症來講，即使是重症患者，也不會演變成虐待的原因。真正會造成虐待事件的，是精神分裂症之類的人格障礙。）

雙親如果有發展障礙或精神障礙，因而沒有能力建立依附關係，就無法了解孩子的想法，在孩子疼痛或寒冷的時候，也不會有任何反應。在對孩子施以暴力的時候，因為無法感受到孩子的痛苦，所以不知道界限，雙親便會在怒不可抑的情況下，單方面地強硬施暴。而且，因為雙親本身的障礙，無法控制自己的情緒，容易一觸即發，導致殘酷的惡言或暴行（身體方面的虐待、精神方面的虐待）。

再者，如果不具有建立依附關係的能力，也就沒有理解「應該提供離乳食物」以及「適時更換尿布」的能力，使孩子的成長遲緩，或是在孩子發高燒的時候，也都會置若罔聞（嚴重疏忽）。

受虐原因是母親有智能障礙

有位三十七歲的女性，是正在養育孩子的家庭主婦。

她表示自己患有憂鬱症，但經過我的診斷，發現她是受虐者。

在她第二次到診所看診的時候，我指出她受虐的事實，而她也承認了。到了第三次看診，她對我描述母親患有智能障礙的狀況。對於自己的遭遇，她很能夠理解。在第四次門診時，她說了以下這段話：

「在上一次看診的時候，醫生說我的媽媽有智能障礙，我能理解。在那個當下，我感到無比震驚，而且也很生氣。我對醫生感到很生氣。但是，之後我的心情頓時變得豁然開朗，回到家之後，我彷彿力氣耗盡，詛咒也解開了似地。

我不停對自己說：『什麼嘛，原來是這樣啊、什麼嘛，原來是這樣啊……』

接著，我回想起自己以前有多麼害怕。我很努力想要喜歡媽媽，但是那些無法預測的事件，還有那些我無法理解的行為，讓我好害怕。我一直都責備著無法好好配合媽媽的自己。

我想起了一些事，許多事情支離破碎地在回憶裡湧現。

媽媽會完全沒有任何理由就對我拳打腳踢，回想起來真的是毫無原因。

小學一年級的時候，朋友的媽媽給了我一封信，跟我說『把這個交給老師』。但媽媽卻自己打開信封，看了裡面的內容。雖然那時我還小，但也知道不能這麼做。當我到學校把信交給老師之後，老師問『這是誰打開的』，我什麼都沒有回答。

還有一件發生在小學時的事。當時因為我發燒了，媽媽帶我到醫院去看診。那是一個寒冷的冬夜。

媽媽說『疾病會傳染』，所以一直在醫院外頭等待叫號。正在發高燒的我，當然也站在外面一起等。當時總覺得有點不對勁。結果看完診之後回到家，媽媽也叫我不要吃從醫院拿回來的藥。她說『藥對身體不好』。

小學五年級的時候，媽媽交了一個男朋友，還向我炫耀。當時我爸爸還在。一開始聽到的時候，我很驚訝她為什麼要跟我說，但當時媽媽好像覺得理所當然，所以我也就接受了。現在回想起來，我也修正了自己的想法，因為那真的『很奇怪』。

好多回憶湧上心頭。現在，我覺得我的感覺是對的。

我的感情、我的想法，全都崩毀了。那些原本不懂的事情、覺得不可思議的事情，在全盤理解之後，讓我感到崩潰。過往我什麼都不懂，還責怪自己是個沒用的孩子，一直以來都缺乏自信。

我現在知道被毆打、被抓著頭髮搖晃、沒有東西吃等等，都不是因為我不好，所以不需要再責怪自己了。」

她的母親患有輕度智能障礙。乍看之下因為穿著打扮以及對話溝通都很正常，所以周遭的人都沒有察覺到異狀。但是，孩子卻注意到了。

「我只不過是把心目中想要的媽媽，和那個人的形象重疊在一起。這就是混亂的根源。現在我已經可以清楚地將兩者區分開來，所以覺得舒暢許多。那些我曾經不斷渴求、幻想著說不定能夠得到的東西，現在已經不重要了。

從出生到現在已經過了三十七年，但是我和『那個人』的心意從未相通過。我已經可以帶著冷靜的心情以及清醒的態度，回頭去看那些事。

爸爸的媽媽，也就是我的奶奶，給了我很多的關愛。奶奶在家裡的桌子上，擺著嬰兒時的我洗澡的照片，也每天都看著。一想到她是愛我的，我的心情就會放鬆許多。

最近我常覺得，奶奶應該很想自己把『那個人』的孩子（我）養大。我總覺得奶奶在我出生時會高興地說『生出來了，太棒了！』我想，她是想要扶養那個小嬰兒的。

一想到這裡，我的心就覺得很滿足。

「我也想起自己在二十多歲的時候，曾向一個長期幫助我的輔導員傾訴媽媽的事情。

我說『我媽媽真的是一個什麼都不懂的人。換個角度來講，也是一個讓人無法理解的人』。但是，這些話終究沒能清楚傳達出去。

輔導員建議我『適當地向母親表達妳的怒氣』、『兩人充分溝通，好好地協調吧』。可以看得出來，這位輔導員是以一般的親子衝突來看待我所闡述的情況。我想，不管我怎麼做，我的想法都沒有辦法清楚傳達出去。我和『那個人』之間，並非複雜的母女關係。我們有的，只是恐懼以及漠不關心，還有抱持著幻想的我，自顧自地用全然相反的想法，緊抱著溫柔母親的形象不放。像這樣的關係，不可能有人能夠理解。無論我說什麼，大家都還是會用一般的母女衝突來理解這一切，扭曲變形的解讀只會讓我感到更加空虛。

我認為那個輔導員，是個普通且幸福的人。

當輔導員說『適當地向母親表達妳的怒氣』，對我來說就好像是在說『請好好愛妳的母親』，聽了讓我感到好難受。來到這裡之後，醫生說『那是虐待』，在我聽來就像是『妳可以不用再愛妳的母親了』，讓我變得輕鬆許多。

一般人能生氣地說出『為什麼？媽媽妳太過分了！』從這些話可以感受到對母親的愛。但我並沒有生媽媽的氣。會讓我生氣的原因是來自於恐懼，不管我再怎麼生氣，那個人還是不愛我。

小時候我養了一隻狗。我總是會跟那隻狗說話。狗也會很溫柔地依偎在我身邊。我覺得那就是我所有的依附關係。是牠在支持著我。」

她一邊說，一邊流下了眼淚。

第四章

復原——進入同一個世界，大家手牽手

異邦人（受虐者）在理解自己對於存在的不確定感，以及「不存在」的東西其實「存在」之後，就可以重新設定自己的人生，大步邁向新的世界。他們的復原，所指的就是走進同心圓的最內層，也就是進入心靈膠囊內部。那是跟大家一起生活的世界，可以跟所有人手牽手，感受喜悅與安心。在長久以來都非常渴望但卻不得其門而入的世界裡，終於找到可以安身立命的地方，社會存在也就此確立。

然而，因為他們曾經經歷過外部的黑暗世界，所以即使是一樣的光，他們的感覺還是會較為敏感，而且也能看出光以及支撐著光的陰影所一同構築的美麗畫面。所以他們的人生跟大家比起來更具深度、更為柔和，且更加明亮。

一般人如果能多學習他們的生存方式，就能看見更多屬於自己世界裡的幸福。

在這個章節中，我將透過實際的案例來介紹他們的恢復方法。

「復原」所指的是回到和從前一樣好的狀態，所以或許這也稱不上是正確的說法。不過，用一般人在生活中所理解的「從前」來說明，我想應該不會有錯。

(1)誤診為智能障礙的受虐者——浩樹的復原案例

成人若是因為自身的存在曖昧不清，導致自己在社會中受到孤立，還是可以裝出若無其事的樣子。但是孩子無法察覺到加諸在自己身上的不安定因素，也沒有辦法控制，因此會當下立刻作出反應。

在教室裡總是一副落落寡歡的樣子、沒有辦法跟朋友好好相處、無法理解老師的關注等等，他們所反應出來的行為，很容易會讓周遭的人對他們投以懷疑的眼光。甚至，他們還會因為聽到問題卻回答不出來，而被認為是「奇怪的孩子」，最後導致被誤診為發展遲緩。

到我們診來求診的幼小異邦人，一般可分為兩種不同類型。

一種是已經通報虐待的受虐者。

第二種是疑似為發展遲緩的兒童。

但不論是哪一種狀況，幾乎都看不到母親的身影，大多是由兒童諮詢中心的兒童福祉司、兒童家庭支援中心、保健室老師、親子輔導員，或是托兒所、幼稚園、學校的老師等單位帶來的。

叫名字也不會笑著回應的浩樹

有一天，兒童家庭支援中心的保健師，以及小學的學校輔導員一起帶著一位小學三年級的男童來到我的診所。男童的母親也在列。

這位男同學在學校無法融入班上同學，也沒有辦法好好學習。休息時間結束時，他不會立刻回到教室，反而自己一個人在外面玩；他會固定在午餐時間消失，等到大家都吃完才會回來，迅速把午餐吃光。即使出聲詢問他去了哪裡，也得不到回應。

一年級時，他被懷疑可能是發展遲緩。當時導師找他的母親討論，建議送他到特殊教育學校（不分級別），但他的母親卻無法理解這件事。困擾不已的校長向教育中心諮詢，中心的職員也跟他的母親談了好幾次。然而，他的母親每次的說辭都不一樣，讓話題無法繼續，雙方的討論不知不覺就這樣中斷了。

升上小學三年級之後，兒童家庭支援中心主動介入。中心的保健師說服了男童的母親，終於促成了這次的門診診療。

我請他和母親到候診室稍等，並先聽取保健師與學校輔導員說明事情的經過。

他的名字是梶田浩樹。

根據兒童家庭支援中心的保健師所做的調查，他的成長經歷大致如下：

根據保健所過往的嬰幼兒健康檢查紀錄，他的成長過程沒有什麼問題，也沒有被認定為發展遲緩。

接著從他所上的幼稚園的資料中，找到了一些引人注意的部分。這個小男孩從進入幼稚園開始就無法融入團體生活，總是自己一個人玩。即使老師溫柔地呼喚他，他也不會以笑臉回應。

有一次他在庭院跌倒，擦傷膝蓋了，老師問他：「還好嗎？會痛嗎？」但他卻悶不吭聲，表情也完全沒有變化。

這一切並不是因為他聽不懂大家所說的話。當老師請大家畫圖時，他會一邊看著周遭的小朋友一邊畫圖，因為他可以做到老師所交代的事情，所以報告中顯示他並沒有智能障礙的問題。

小學一年級的時候，在導師的勸說下，他和母親曾到精神科求診。當時診斷的結果是「泛自閉症障礙」（自閉症譜系障礙）。因此那個時候才會有上述的送他到特殊教育學校的相關討論。

我詢問保健師：

「你見過浩樹的媽媽吧？」

「是的，見過三次左右。我到他們家拜訪了兩次，有一次則是他的媽媽過來這邊。」

「她是一個怎麼樣的媽媽呢？對於談話的內容都能夠理解嗎？」

「唔……事實上……」她支支吾吾好一會，之後接著說道：

「她有時會搞錯約好的日期跟時間，到了約定的日子當天才急急忙忙改時間，狀況挺多的。」

「變更時間的電話內容聽起來如何？請跟我說一個確切的例子。」

「那時候是約好由他的媽媽過來中心，但是在約好的時間前一個小時，她才打電話說沒辦法過來了。」

「有說明原因嗎？」

「沒有。一開始只有一句『我今天沒辦法過去了。』當時我愣了一下才回說『我了解了。您應該是突然有什麼急事吧。我之後再另外聯繫您可以嗎？』結果她說『我等一下就要出門了。』我記得好像是因為她終於預約到一家很難排到的美髮沙龍。」

「這樣啊。那一天約好碰面，原本是打算跟她討論她的孩子在學校的狀況，以及發展上的問題，對吧？」

「是的，我應該也這麼跟她說的……」

「打電話取消了如此重要的約定，理由也未免太隨便了吧。」

「我也是這麼認為。」

「雖然這麼說有點難聽，但妳覺得她是一個『奇怪的媽媽』嗎？」我用坦誠的語調向她詢問，她回答：「我覺得是。」臉上的表情似乎寫著「你真懂我」。

接著我和保健師聊了一下她到浩樹家拜訪時的情況。

浩樹跟他的母親兩人同住。聽說分居中的父親有時候會過來。家裡的環境就像是「垃圾場」，廁所還傳來陣陣惡臭。從門口進去之後，有兩間連著的房間，到了靠裡面的那間才終於有可供行走的通道。浩樹就在那個房間的角落自己玩遊戲。

並非智能障礙，而是受到虐待？

緊接著是學校的輔導員報告浩樹在學校時的情況。

他在上課的時候也沒辦法好好安靜坐在位子上。當老師試著勸他，他就會跑到教室外面去。

有時候在他逃出教室時，老師跟在他後面查看，會發現他自己一個人在校園的角落玩耍。我主動約他，帶他到輔導室，靜靜地看著他，發現結果他從輔導室的書架上選了一本書開始閱讀。浩樹當時就這樣專心地看著書。

「大概看了幾分鐘？」我提出問題。

「到我出聲叫他為止，大概三十分鐘吧。」

「這樣啊，專注力挺不錯的。看起來應該不是過動症或是注意力不足（ＡＨＤＨ）的問題。」

「我也是這麼想。」

「書本的內容他都能理解嗎？」

「我問他好看嗎？是什麼書啊？他也詳細地告訴我，是關於一個魔法少年的故事。我曾經跟一個五年級的小女生說過那個故事，所以我知道內容。故事裡有為了幫助被欺負的小朋友而使用魔法，還有被壞心的大人背叛、欺騙等等情節，他都說明得很清楚。」

「那麼關於『遭到背叛』以及『被欺騙』等等的內容，他都能夠正確地理解嗎？」

「包括登場人物的互動，以及彼此之間的關係，他都看懂了。」

「原來如此。這麼說來，他也不是「泛自閉症障礙」（自閉症譜系障礙）的患者。」

「果然是這樣呀……」

「如果這是誤診，說不定是受到虐待。」當我這麼說保健師像是想起了什麼般望著我。

接下來，我請待在候診室的浩樹及他的媽媽進來診療室。在四個大人的中間，浩樹緊張地坐了下來。

「你好，初次見面，我姓高橋。」我向他打招呼，可是他低著頭什麼也沒回答。

「你是梶田浩樹對吧？今天浩樹在學校看起來好像沒什麼精神，大家都很擔心，才會一起到這裡來……我們可以聽聽看浩樹的說法嗎？」

「……」

「今天跟你一起來的學校輔導員，你認識嗎？」

「……」

他一句話也沒回。

「我聽說你是〇〇小學三年級的學生，對吧？」

這個問題讓他首次輕輕地點了點頭。

「這個診所離你的學校有一點遠，所以你是第一次來到這個地方嗎？」

這次的點頭幅度比上次的更為明確。

我持續問了三、四個讓他點頭就可以回應的問題，他的反應逐漸好轉，接著我問：

「從浩樹的家走到學校大概要多久呢？」聽到這個問題，他小聲地回應：

「十五分鐘。」

「好遠喔。你都一個人上學，還是跟大家一起上學？」

「一個人。」

一開始的緊張及緘默，慢慢地在這個過程中化解開來，看到浩樹的表現，我也可以確認他並非「泛自閉症障礙」（自閉症譜系障礙）患者。透過兒童家庭支援中心那邊的說明，我也了解到他沒有智能障礙方面的問題。從這兩點來看，他並不屬於任何一種發展遲緩的類型。因此，我幾乎可以認定他是一個完全正常的小男孩。

他開始逐步地談起自己的事情。比如他會用家裡的ＰＳＰ（遊戲機）玩魔物獵人、遊戲中最擅長的武器是鐵棍、在學校會有好吃的東西，所以每天都很期待上學……等等。

他描述著魔物獵人的作戰方式，關卡有多難破，還有打敗怪獸時的興奮心情。從他對遊戲內容的理解程度，我可以再次確定他沒有智能障礙。而就他對遊戲所抱持的熱情以及玩起來的表現來看，也可以再次確認他並非泛自閉症障礙。

可能是聊遊戲的話題聊得太開心了，他談起遊戲最後關卡的場面，並興致高昂地闡述著和「深淵的呑噬者」（終焉を喰らう者）對決時的情況。這時候，他露出了笑容。

誤診為智能障礙的兩個主要原因

受虐者在小學低年級的時候，常會一而再、再而三地被誤認為發展遲緩，有兩個原因。

第一是從雙親的問題衍生而來。

雙親沒有照顧好孩子，造成嚴重疏忽。為此，學校與家長之間就沒辦法順利聯繫、互動。比方說讓孩子帶著影印的資料，上頭寫著運動會的練習應該準備的東西，但是雙親卻沒看到。因此沒有做好準備的孩子，體育課時就沒辦法跟著大家一起練習。當下孩子往往不知道怎麼辦才好，會一直呆呆站著。當這種事情接連發生，就會被認為是「適應不良的孩子」、「奇怪的孩子」。接著，老師也會開始懷疑「是不是有發展遲緩？」

第二是孩子對於存在感的不安所衍生的問題。

遭到虐待的孩子，會害怕雙親、害怕人群。所以這樣的孩子在幼稚園或學校時，沒辦法和老師及朋友保持良好的關係。由於無法認同自我，因此在集團之中也找不到自己的定位。生活在「存在，但卻不存在」的存在感之中，用一般的眼光來看這樣的孩子，會發現許多令人費解的不正常反應。因此常被懷疑有是發展遲緩。

如果這樣的孩子生活在育幼院，裡頭的職員也仔細地觀察孩子的行為，他們也有機會得到正確的評斷。也就是說，他們會被診斷為「反應性依附障礙症」（ICD-10 F94.1）。這是孩子因為受虐而產生不穩定的行為以及特殊精神狀態所得出的病因名稱。然而，這個病因一般人幾乎都不知道，用到的機會也很少。

像浩樹這樣可以自己從家裡走到學校上課的孩子，也就是對於現實生活稍微能夠適應的孩子，其實幾乎都不會被認定為受虐者（反應性依附障礙症）。大多都會被懷疑是發展遲緩。

用受虐者的精神狀態來推測浩樹不穩定的反應及行為，可以得出以下的結論。

首先，浩樹在家裡並沒有受到應有的關注。有可能是突然被罵、遭到毆打，或總是被丟在一旁不管，實際情況應該是兩者其中之一。甚至，他可能不被允許說

「對不起」，所以沒有類似的經驗，當然也就不知道該何時道歉。如此一來，到了學校即使得到老師的關注，他也不知道該怎麼反應。對他來說，應付大人的方式只有逃走或反抗。因此，他才會選擇逃出教室，或是頂撞老師。

另外，由於受虐者經常是一個人生活，所以在幼稚園也是自己一個人玩。除此之外他什麼都不懂。當幼稚園的老師溫柔地呼喚他，他也不會以笑容回應。除了被責罵之外，他從沒被叫過名字，所以當自己被溫柔地呼喚時，他會因為不了解意義而不知如何反應。

看到他跌倒擦傷時，老師趕緊詢問他「還好嗎？會痛嗎？」他也只是悶不吭聲，面無表情。為什麼會這樣呢？那是因為在被打的時候，如果他喊痛，就會被打得更厲害，所以他只能選擇不喊痛。根據他自己的經驗，自己跌倒時受的傷比較不痛。因此即使被問「還好嗎？」他也沒有任何回應。

以上就是我對浩樹的行為所做的推測。

接下來要談到他的強迫症，這是我們後來發現的。他會一再確認書包裡面的東西，也會一直檢查鞋櫃。因此，他的動作總是比一般的孩子慢。從這個角度來看，容易誤以為他是遲緩兒。受虐者因為具有強烈的不安，所以往往會形成強迫症。這是對於存在的不安所造成的行為。

不過，儘管被認為是「奇怪的孩子」，但他們還是很堅強、很有韌性的。在進入小學之前，他都是自己一個人活過來的。

因此，他就算在學校受到孤立、被懷疑是發展遲緩，他也不會感到沮喪。這樣的力量，終究能讓他們恢復正常。

小學低年級還沒辦法適應環境的孩子，到了升上高年級之後大多能適應學校生活。在那之前，他們會靠著自己的力量，學習社會生存的規則（規範）。並且，他們也會了解到自己生長在特殊的家庭裡，而學校和家裡的規則運作是不一樣的。只要能夠了解規則，他們將會比「一般」的孩子更快適應學校及社會。這是因為照著規則運作的校園人際關係，比自己家裡的情況更單純，所以應對起來輕鬆許多。

就我所知，許多人都曾在低年級時被懷疑是遲緩兒，但到了五、六年級就搖身一變成為班上成績最好的優等生。

「奇怪的孩子」

我在聽著浩樹的描述時，想起了另一個長大成人的異邦人。浩樹跟他的狀況一模一樣。

這個長大的異邦人是坂田速人（三十歲、男性）。三年前，他的朋友懷疑他是不是患了憂鬱症，所以建議他來我的診所看診。那時候，他看起來的確非常疲憊。不過，歷經幾次的診療之後，他解開了自己成長時的謎團，也就是了解到自己小時候是因為母親有身心障礙，才讓他受到了虐待，他的憂鬱症就這樣不藥而癒了。

他說起自己以前的事情。

「從小開始，我就被周遭的人以及雙親當成是『奇怪的孩子』，要讓自己不被這麼認為，就得在生活上和大家好好相處。

現在回想起來，還是會覺得那是相當辛苦的生活方式。

上幼稚園的時候，我完全無法融入團體生活，所以被認定為『奇怪的孩子』。就算遭到惡意對待，父母也沒辦法幫忙解決。小學時，就算被高年級的男生欺負，也沒辦法跟父母親說。無論發生什麼事，都得不到任何人的幫助。慢慢被孤立之後，我就被認定為『奇怪的孩子』了。

我想，就算我拒絕去學校上課，也一點都不奇怪。但是因為母親的關係，我沒有拒絕上學。與其在家被父母打，倒不如在學校被欺負還比較輕鬆。學校有既定的規則，只要照著做，就可以得到老師的稱讚，而且還會有好吃的餐點可以吃，怎麼看都比在家好。到了小學五年級，我終於完全搞清楚老師及大人的喜好了。只要老師站在我這邊，就不會再有同學欺負我。就這樣，我變成了一個優等生，讀書對我來說也是小菜一碟。

以前的我被認為是『奇怪的孩子』，如果是發生在現代，應該會在升上小學之後就被診斷為發展遲緩，並且被趕出去吧……那時候我不知道該怎麼活下去，沒辦法向任何人提問，這些答案教科書上也都沒有寫。最後，我自己找到了答案，因此可以把角色扮演得相當成功。現在回頭去看，會覺得那真是雙重標準……」

說了以上這段話的坂田速人先生，花了一年左右就診，也出現足以改變人生的轉變。最後一次看診的時候，他提到「在了解母親的情況之後，讓我的人生完全逆轉。」

從那之後過了兩年，他現在應該也過得很好吧。我想他一定是一邊利用雙重標準，一邊平淡地享受著開朗光明的人生。

獨力學習生存之道的受虐者

話題再回到小學三年級的浩樹身上。

那一天，我在診療結束時跟浩樹說：

「謝謝你今天跟我說了很多話。聽了浩樹的話，讓我安心多了。你真的很努力，而且也做得很好。雖然家裡的事情很複雜，但是你處理得很棒。你真的很了不起。接下來也請繼續努力。你非常聰明，加油喔！」

他露出了笑容，對我點了點頭。

接下來我讓浩樹和他的母親在診療室外面等，並將結果告訴保健師以及輔導員。

「他並沒有泛自閉症障礙（自閉症譜系障礙）的問題，完全是一個正常的孩子，甚至智商還可能比一般人高。之所以會有這些脫序的行為，是因為不適應受虐（遭到虐待）的關係，所以我希望大家在他身旁靜靜地守護他就好。我想，他有能力可以解決自己的問題。如果可以的話，讓他一個星期到學校的輔導室一次，聽他傾訴，這樣應該能讓他適應得更快。

另一方面，希望他的母親不會再對他有任何干涉。因為任何訊息都應該會讓他陷入混亂，而且如果孩子的事情讓她感到心煩，難保虐待的程度會變得更加嚴重，這樣的例子也很常見……」

小孩子不會認為自己受到虐待，但是長大之後都能夠了解自己的家庭與一般家庭並不相同。而且身體所得到的經驗也會讓他知道母親是無法依賴的對象。所以，我跟他說：「雖然家裡的事情很複雜，但是，我想會越來越好的。」我想他應該能夠理解我話裡的意思。對他來說，連在環境嚴峻的家庭環境中，他都能夠好好活著，學校生活應該是「易如反掌」才對。

在那之後過了一年，我收到了學校輔導員的報告。升上四年級的他，能夠專心上課了。他能夠幫同學打菜，成績也進步許多。他真的變成了一個很棒的孩子。

受虐者的生活會比一般人辛苦一倍，但就像先前提到的坂田先生一樣，他們大多會在小學高年級的時候，學到生存的方法。

不過，這並不表示他們生存的問題獲得解決，充其量只是學到可以跟大家和平共處的方法而已。對於自我存在的不安全感，仍舊留存在心底深處。這個問題得到他們長大成人，開始面對自我認同時，才能真正獲得解決。對一般人來說，大概是在青春期時必須要面對及解決的問題，但他們會多花一點時間，也必須爬過一座高山才能辦到。

我相信浩樹也會像坂田先生一樣，堅強地爬過那座高山。

（2）活著的義務

如果日常的努力付出無法與快樂結合，只剩義務感

社會存在可以讓人確信自己真的「存在」。所謂的社會存在，就是跟大多數的人（半數以上）保持「情感共有」及「規範共有」，讓人在每天的生活中都能感到安心。

人為了生活在社會之中，必須肩負起遵守規範的義務。盡到義務就可以與他人維持關係，也得以維持生活。社會關係也是如此。這是在漫長人生中，每天都能過得開開心心的基礎，比「情感共有」更加明確。

努力地盡義務（規範共有）以及享受生活（情感共有），這是我們從雙親身上繼承而來的事物之中，最重要的兩件事情。孩子們所接受的，也是將「努力以及享受」視為一體的教育。

從小開始，孩子們就被父母親教導要盡義務。洗臉、刷牙、洗澡、換衣服、上

學、寫作業……等等，這些都是為了生活必須要盡到的義務。

如果能夠一一完成，父母親就會以「做得真棒」、「真是好孩子」來加以稱讚，孩子也會想著「原來做到了就能被誇獎」，並從中體會到成就感，為被接受而感到安心。孩子也能藉此建立自信。只要努力做到，接下來就可以做自己喜歡的事情，像是打電動或是看漫畫書。努力以及享受組成一套模式，可以讓孩子的心穩定下來，孩子也可以從中建立自己的存在感。對「努力打拚」的自己感到驕傲，並且喜歡「享受生活」的感覺，這會讓人產生「原來活著是這麼一回事」、「活著真好」等感想，並且產生繼續努力下去的力量。

在逐漸成長的過程中，努力將能維持生活的基礎，也會成為養兒育女及持續工作的力量。另一方面，生活的享受則可以從看電視、打電動開始，延伸到人際交流，甚至是整個世界的文化。努力以及享受，能成為人生的縱軸與橫軸，交織出完整的人生。

努力的部分以及享受人生的部分，在每個人心中的占比都各不相同。分配的比率也是來自於父母親的教導。在辛苦的環境中養育孩子的父母可能會偏重努力，而環境健全的父母親強調努力的次數可能會稍微少一些。不過，為了在世界上生存，儘管比例有所不同，但是這兩種人生的基本元素是不會改變的。

只要努力與享受能夠相互連結，自我的存在感就不會有所動搖，人生也會過得非常幸福。

然而，必須一個人承擔的義務感，會從享受的感覺中切割出來。異邦人們就背負著沉重的義務感。

異邦人因為並沒有建立起母子之間的依附關係，所以不曉得情感共有是怎麼一回事，也無法理解安心的感覺，更無從得知與人交流的快樂。另一方面，對他們來說，社會的規範是自己學習理解，並確實遵守的。異邦人並不知道努力的對應價值是安心以及享受，也不知道努力的目的，或是達成的感覺。因此這樣的努力，就會變得永無止境。

只專注於努力的強烈義務感，會讓人持續保持在緊張、辛苦，且責任沉重的狀態。漸漸地，他們的存在價值就會遭到否定。為什麼自己非得活著不可呢？他們就這樣失去了繼續活下去的理由，進而想要結束這樣的人生，想要消失。

那麼，異邦人孤獨的義務感，究竟是從何而來，他們又為何持續背負義務？他們的義務感，事實上是一種必須品，用來壓抑孤獨的恐懼感，以及支撐孤單的自己。這樣的義務感並非用來維持人際關係，而是用來隱藏無法維持人際關係的事實。

對這個世界的第一個記憶，就是父母的暴力

接下來要介紹一位男性的故事。他從孤獨的義務感中獲得解放，重新找回人生的樂趣，並且讓努力變得更有意義。

他是三崎顯一先生，四十五歲。到目前為止的人生，他都被沒有目的的義務感所圍繞。不久前，他才終於解開這層束縛，開始可以跟其他人建立正常關係。

在治療的過程中，他訴說了自己的經歷。

三崎顯一先生出生於岡山。

對這個世界最初的記憶，大約可以回溯到三歲左右的一個冬夜。

他因為不明原因遭到斥責，裸著身體被趕到庭院，用水管噴了一身冷水。看到他四處奔逃的模樣，父母還大笑：「跳舞了！跳舞了！」

上了小學之後，父親經常會棍子打他，而母親則在廚房笑著觀看。

高中畢業之後，他立刻逃離家裡到大阪工作，負責抄瓦斯。夏天，他得頂著炎熱的天氣，揹著沉重的器具，走在柏油路上。

工作三年左右，他接受朋友的邀約前往東京就職。然而，公司一年就倒閉了。接著，他便成為麵包公司的配送司機，深夜兩點起床，開著車到處奔走，直到下午三點才回到住處。雖然所有工作都必須獨力完成，但他並不會因此感到寂寞。工作

過程中與人交談的機會，就只有把貨物堆好，確認資料，以及把麵包送達後讓店家確認而已。從小時候開始他就沒有什麼親密的朋友，所以即使自己一個人生活，他也覺得很正常。有時候同事或前輩會約他一起去喝酒，他也把那當成是工作的一部分

深夜兩點起床是義務、到公司不可以遲到是義務、把貨品確實送到並整理好憑單是義務、跟同事及長官好好相處是義務、不讓對方討厭是義務、回到住處是義務、為了明天也能工作，吃飯是義務，早一點就寢也是義務。這些活著就必須盡到的義務，每天都持續不斷循環。

完成一個義務之後，便緊接著等待下一個義務，他的緊張感完全無法獲得舒緩。所有時間都花在盡義務，他的心總是空盪盪的。

由於他從小就認為這是理所當然的生活方式，心裡並沒有產生任何疑問。

第一次憂鬱症發作

在二十四歲的時候，他病倒了。

那是他第一次憂鬱症發作。

「有一天，我像平常一樣想在深夜兩點起床，但突然全身都動不了。全身發

疼，只有眼睛張得開。我就這樣望著房間的天花板。接著，胃也像被針刺到似的痛了起來。

我心裡想著『不行了。我的人生就到此為止了吧。我應該會就這樣消失不見吧……』

真開心。

已經沒有非得活下去不可的想法了。心裡只有能量用完之後就會畫上句點的安心感。去工作，賺到錢之後用來付房租，為了明天的工作而吃飯、睡覺，這樣的生活從一開始就沒有繼續下去的意義，能量用完了就會停止，就只是這樣而已。

『啊啊，結束了。』我邊想邊閉上眼睛。

再次醒來已經是隔天，但完全不知道時間。

整整兩天，我就這樣在棉被裡無法動彈。

第三天，在前來探望的同事協助之下，我到醫院去看診。內科的檢查結果是『身體相當虛弱。』但醫生說沒有異常，只是幫我打了點滴。接著我被轉診到精神科，醫生診斷我是患了憂鬱症。以我的症狀來講，就是憂鬱症裡典型的工作倦怠症（燃え尽き症候群，Burnout Syndrome）。

我聽從醫生的指示服用抗憂鬱藥物，醫生也建議我『應該休息一陣子』，因此我向公司提出診斷書，得到了兩個月的休假。然而，我的體力卻幾乎沒有恢復，所以後來休假還延長到六個月。

在那六個月的期間，我覺得每一天都好漫長。

早上起床一睜開眼睛，我就一直盯著天花板看。傍晚天色稍微變暗之後，才終於爬起來出門購物。一天只吃一餐。每當看見馬路上的車燈都感到害怕。因為我會茫然的想著『好想結束自己的一生』一邊朝著車陣走去。不過，我覺得如果我真的那麼做，在大燈後方握著方向盤的司機就太可憐了。因此，我會故意避開馬路，在小巷子裡遊蕩。只有在遊蕩時，我才是清醒的。除此之外，一整天都呈現被動狀態，只是為了完成生存的義務持續忍耐著，如此而已。

到了休假將滿六個月的前夕，在進行精神科的診療時，醫生問我：

『怎麼樣？最近狀況如何？』

我在不知道該怎麼回應的情況下說了：

『普普通通。』結果，醫生建議我：

『差不多應該可以回到工作崗位上了吧？』

對於這個問題我也沒有其他的答案，所以只回了句『好的』，就這樣又回到了職場上。

已經可以回到職場，或是還無法投入工作，對此我自己並沒有判斷標準。該不該回去，對我來說就只是要不要去盡那個義務的問題而已。所以被問到的時候，只會回答『好的』，沒有任何其他疑問。」

第二次憂鬱症發作

二十七歲的時候，因為一些偶然的機緣，以及意外的邂逅，他選擇結婚，並生下了女兒。

然而，在女兒三歲的時候，妻子因病過世。他們家便成為父女相依為命的單親家庭。

他轉職到貨運公司上班，不過不是擔任司機，而是在營業所負責調派車輛，也不是深夜時段的工作。

每天早上起床，把女兒交給幼稚園之後就到公司上班，晚上則先經過幼稚園接女兒再回家。

他在工作上非常認真，總是可以把事情做好，所以慢慢地被賦予更多工作。到了三十八歲，他已經是統領一個營業所的所長。但在四十三歲的時候，出現了血尿。

他到內科接受治療，接著被轉介到精神科，第二次被診斷出罹患憂鬱症。結果他入院住了三個月，時間到了仍繼續休假。

女兒已升上國中三年級，因此這次他不能再像前一次憂鬱症發作時一樣，一直待在自己的房間裡。他仍然每天起床烹煮早餐，送女兒到學校，接著才倒臥在床上，直到傍晚才爬起來，出門採買之後，回家煮晚餐。這次發作沒有像以前那樣，有可以避開大馬路的小巷子，因此每次外出，他都感到害怕。

因為還有女兒在，他並不打算一死了之，但卻總是想著如果能發生個什麼意外，就這樣死去就好了。他認為若是如此，女兒就可以靠著他的保險金活下去。

出院之後，他持續到同一家醫院的門診掛號看診。就這樣過了一年多，輾轉來到我的診所。他說是一位在醫院認識的患者介紹他過來的。

介紹他的患者說：「你不能只用吃藥的方式進行治療喔。」

到目前為止，他都是遵照醫院的醫生所說的方式接受治療。他心想「說不定真是這樣」，生平第一次主動替自己作出選擇。

第一次自己選擇治療方法

來到我的診所時，他四十五歲，跟升上高中的女兒同住。

初次門診過程，他告訴我發病的時候一個月加班了一百八十個小時，並讓我看了加班表。那是在醫院的社工勸說之下，為了申請勞災給付所製作的表格。接著還拿出了記載著到目前為止所接受的治療，以及使用的藥物內容等時程表（這個也製作得非常詳細）。他所接受的治療內容非常正確，藥物處方也沒有什麼問題。自發病以來，已經經過了相當長的時間。但過了這麼久，一般的憂鬱症應該早已好轉。

「對你來說，現在最難熬的事情是什麼？」我問他。

他說，自己不能像以前一樣行動自如，這讓他感到很難過，沒辦法做家事，沒辦法好好照顧女兒，更正確的說法是不想照顧。再來，就是無法回到工作崗位，而且外出的時候很害怕人群。一旦進入擁擠的人群之中，就感到無法忍受。

「我強忍著這一切，眼睛看著下方一路向前走。搭電車的時候雙眼緊閉，若是發現有人在看我，就會驚慌不已。總之就是覺得很害怕。」

責任感或義務感很強，且性格認真的人，原本就比較容易得憂鬱症。像這樣的人，在恢復正常並回到工作崗位上時，休假期間所累積的延誤事項，會帶來莫大的焦慮對累積工作的責任感，會進而演變成強烈的不安全感。

但是，跟這一類的憂鬱症回復期比較起來，他的不安程度異常強烈，在面對社會環境時會恐懼人群（社交恐懼），並且夾帶著強烈的焦慮感。非典型的憂鬱症與受虐者的憂鬱症還是有所不同。

第一次發作跟後來第二次的憂鬱症比較起來，共通點是恐懼的心理，再加上憂鬱的感覺，以及長時間處於強烈的緊張及過勞狀態之中。另一方面，這次的焦慮感都伴隨著強烈的義務感。因為不僅僅是自己一個人，身邊還有女兒。為了女兒，他必須更加努力。我建議他申請職災補助，還聯繫了醫院的社工，他們非常熱心地支持著這對父女的生活。因此，他也覺得自己必須接受治療。結果，在治療的過程中，他也被義務感追著跑。

現在對他來說，疾病的治療就跟必須活著的人生一樣，都是一種義務。

恐懼、義務感，以及緊張的情緒，他在身體與心靈上都承受著極大的疲倦感。我想，他一定是受虐者吧。

休息變成一種義務

儘管我還沒詢問他的成長背景，但已經可以診斷出他所罹患的就是受虐者的憂鬱症。不過，我並沒有把診斷結果告訴他。

「你感到很焦慮對吧？但是現在一點都不用著急，慢慢來就可以了喔。」

「咦？我焦慮嗎？」

「就是想要趕快治好的那種心情啊。但是既然來到這裡，就把腳步放慢，好好地接受治療吧。治療是急不得的事情，而且你不是也已經拿到職災的證明了嗎。」

「唔……」

「已經夠了。你一路以來都比一般人努力好幾倍，對吧？所以真的夠了。我想，就是因為你不斷想著快一點、快一點，現在才會這麼難受。請告訴自己慢慢來、慢慢來。」

「一般人的好幾倍……？」問到一半，他陷入沉默。

在那之後，他開始每兩週到診所報到。

他的焦慮感是沒辦法輕易消除的。

「光是出個門就感到非常痛苦。電車讓人感到害怕，我總是緊緊拉著吊環，一路閉著眼睛。但是，不知道會不會被誰撞見……這樣的想法讓我無法冷靜下來。」

他的不安及焦慮非常嚴重，我想藥物可能沒辦法讓他緩和下來，為此，我確認了他到目前為止所服用的藥物內容。然而，裡頭的鎮定劑分量也夠高了。看來，想透過藥物來改善狀況是不可能的。只能讓他改變自己的心情。

我重複說道：

「不要緊張，我們慢慢治療吧。短時間內治不好也沒關係，總之無論是生活方面或是治療方面，都先休息一下喘口氣吧。聽清楚囉，不是要治好，是要你多休息。『趕快治好』或是『必須要做點什麼』的想法，以現在來講都會對治療造成負面的影響。放慢腳步、懶洋洋地到處閒晃、隨性生活，這些都是必要的。你的義務感從今天起要開始放長假了。」

接著，他問我：

「要放長假的是⋯義務感嗎？」他說了這句話後，陷入短暫的沉默。

「醫生⋯⋯上次醫生說我『比一般人努力好幾倍』，那是什麼意思呢？」

「我是這麼說過。意思就是跟一般四十歲以上的男性比起來，你用了好幾倍的能量在努力著。我想，應該是因為你從小時候開始就都一個人用這樣的方式在努力。在孤立無援的情況下，沒有可以幫助你的人，所以除此之外別無他法。而且，你的緊張與不安比一般人更強，為了壓抑，你又必須加倍勉強自己。所以我才會說是好幾倍。這次你也是因為做了很多努力，身心俱疲，憂鬱症才會發作。」

他突然變得安靜了。抬頭一看，我發現淚水浮上了他的雙眼。

接著，他開始訴說著小時候遭雙親體罰的事。包含人生最初的記憶，也就是在雪地裡，光著身子被噴冷水，四處奔逃的記憶，他都一一娓娓道來。

「這是虐待。」我這麼回應。

「是嗎？這是虐待嗎？」他問。

「這是非常嚴重的虐待。一路以來真的辛苦你了。」我再次肯定。

我觀察了一下他的反應，然後接著說：

「你一直都生活在緊張、不安與恐懼之中吧。因為緊張感在出了社會之後依舊持續著，才會比一般人努力好幾倍，在工作上更加拼命。我的意思就是如此。所以說，真的夠了。一般人該做到的事，你都已經完成了。」

一般人的義務與受虐者的義務

過了一陣子之後，他對我說：

「我今天來的時候放慢了腳步，沒有那麼焦慮了。即使周圍人很多，也不會感到害怕。慢慢來的感覺真好。」

「是啊。慢慢來就好。今後請將『不做不行』的義務感束之高閣吧。從今以後，三崎先生該盡的義務只有三個，每天早上送女兒到學校上課、好好吃飯，好好睡覺。」

「這樣就可以了嗎？」

「是的。這麼做就可以了。」

「那些焦慮與恐懼到底是什麼呢？」

那是自我要求的義務，所衍生的焦慮與恐懼。

為了生活而不得不盡的義務，為了活下去而不得不去完成的義務。那些都是單純忍耐著，必須無條件順從的義務。一直以來他就這麼持續著，為的只是將受虐的恐懼壓抑下來，如果不這麼做，他就會無法忍受。

沒有目的的義務，為了做而做的義務。

然而，要是不持續做下去，恐懼感就會襲來。

「上幼稚園的時候，我替自己訂下了許多規矩，都是一些非遵從不可的規矩。像是睡覺時蓋上棉被之後，身體和雙手必須保持緊貼；或是到了幼稚園之後，自己的背一定要和椅背保持平行，直挺挺地坐著；上了小學之後則是在爬樓梯時一定一次爬兩格……類似像這樣的規矩。」

對三崎先生來說，三步併作兩步爬上人行陸橋的樓梯，並非是為了要飛奔前往柑仔店，他單純只是為了遵守一次爬兩格的義務。如果全程都能夠以爬兩格的方式完成，他就能感受到剎那的安心。那並不是感到活著的價值，或是為自己尋找契機，而是僅限於當下的狀況，為了避免自己的心被不安及恐懼擊潰，因而自己發展出來的規矩。遵守這些規矩，就是生活的一部分。只要能夠遵守，就表示盡了義務，因此也可以說那些規矩都是能讓人感覺「自己活著」、「感到安心」的來源。

在卡謬（Albert Camus）的作品之中，有部取材自希臘神話的哲學性短文《薛西弗斯的神話》。在希臘神話之中，薛西弗斯受到天神的懲罰，必須將一顆巨大的岩石推送到山頂。然而，當岩石差一點點就要抵達山頂時，必定會滾回山腳下。這個苦行就在永劫不復的輪迴中不斷上演。

這與三崎先生的義務感非常相似。為了沒有目的的努力而生，一個人獨自面對義務感，那是沒有任何成就感、沒有任何目的，荒謬的義務感。

然而，如果這麼荒唐的事情是來自天神的要求，說不定還好一些。三崎先生比薛西弗斯還要痛苦的地方，在於他所感受到的義務，都是自己造成的，並與恐懼融為一體。

卡謬認為，人生的意義不應該由天神賦予。應該拋棄超出自身能力的義務，並藉由行使自由意志，戰勝荒謬的義務感。

「無論是任何事，我都不知道該做到什麼程度才好。工作上如此，家事也是如此。我曾經一個月默默加班一百八十個鐘頭，成了同事口中的笨蛋。

一旦遇到非做不可的事情，我就會咬緊牙關努力完成。然而完成了之後，全身氣力用盡，卻一點也不開心，只有疲倦始終揮之不去，卻還得趕快為接下來的工作做準備。

我身邊的人都和我不一樣，在完成工作之後，都會感到很開心，還會露出笑容。

在年終完成最後的工作後，公司的同事們都會相約去喝酒。大家彼此說著『辛苦了』，氣氛相當熱絡，但我卻完全無法理解。

醫生之前說休息也是我的義務，我其實不太能理解。但我想除此之外也沒有別的辦法，所以有將生活的步調放慢，結果被時間追著跑的感覺也淡化許多。

有時候我會想起『你比一般人努力好幾倍』這句話，或許真是如此吧。當我這麼想的時候，情緒就能舒緩下來。」

從孤獨的義務感中解放的方法

在前面第二章中，我曾介紹過細田日登美女士的故事，她因為沒有跟任何人產生連結，因此沒有留下過去的回憶。同樣的道理，三崎先生也沒有過去可言。對他來說，一切都只是在盡義務，沒有與任何人產生相對應的連結，也就是說沒有建立「情感共有」。沒有連結，就沒有相應的快樂。不會留下記憶，當然也就沒有過去。一切都只是為了執行沒有目的的義務，時間就這麼從指縫中溜走。

「我想不起自己在小學時都做了什麼。」

「沒有跟妻子在一起時的回憶，也沒有女兒讀小學時的回憶。」

無論遇到什麼人，只要不安與緊張的情緒增強，感情就會受到壓抑，記憶也不會被保留下來。

比如受託在結婚典禮上致詞，因此緊張得不得了，結果當典禮開始之後，在等待著輪到自己上場致詞的過程中，即使吃了再美味的料理，也不會留下任何記憶。因為不安與緊張，將吃到美食的感覺完全壓下去了。

對三崎先生而言，每天二十四小時都宛如置身於那段致詞前的時間之中。然而，他的致詞沒有結束的一天，只有不斷地被要求要盡義務。

如果可以與他人建立起連結，孤獨的義務應該就能轉變成具有成就感的義務。

可惜的是，一旦腦海中充斥著要將義務完成的想法，即使與他人建立了連結也會完全忽略，任由機會悄悄溜走。

與亡妻的相遇，以及女兒的誕生，都是與他人建立連結的最好時機。但是強烈的義務感讓他關閉了與家人的交流。無論何時，三崎先生都沒有辦法與他人建立連結，始終處於被孤立的狀態，陷入不停遂行義務的惡性循環之中。

就如同我稍後的說明，三崎先生如今已經恢復，可以與人心靈交流、產生連結。他的復原過程，與闡述自己「沒有過去」的細田日登美女士，以及在幼稚園時變成「透明人」的岸本侑子女士一樣。

到機場送女兒上飛機，發現自己的匆忙慌張

從展開治療經過四個月，他開始訴說自己「當下」的情況。

上個星期，女兒出發前往紐西蘭留學一年。他到成田機場的出境大廳送機。女兒精神奕奕地說「爸爸，我出發囉！」便消失在登機門後。

他一邊目送著女兒離開的背影，一邊感受到自己體內有一種強烈失落感，或者該說是懊悔的感覺，正在蔓延擴大。他不知道那到底是什麼。

從機場返家的路上，那種莫名的感覺深深牽動著他的情緒。回想起來，自己似

乎一直生活在那樣的情境之中。

「這是怎麼一回事啊……」

那應該是短期內無法見到女兒的寂寞感吧。這當然是其中一項因素，但並非只是如此而已。

在駛向市區的接駁車中，他看著變得黯淡的景色靜靜流動，同時不停思考著。過去的時間已經消失，再也回不來了……

當他這麼想的時候，突然想起和妻子相處的五年，那段短暫的婚姻生活，原本應該早已消失在記憶裡。

他看著妻子用心照顧稚嫩的女兒，內心感到十分愉悅。看到妻子抱著女兒，而女兒則是開心地笑著，讓他覺得非常幸福。原來如此……他想起她們母女倆的感情很好。然而，他卻從來沒有將這件事情說出口。如果那時候能夠好好對妻子傳達這樣的心情就好了。

他親眼見證了相親相愛的親子關係，所以內心真正想說的話是「跟妳結婚真的好幸福」。

接下來有一段時間沒辦法見到女兒了，那一瞬間，在出境大廳時女兒的表情浮上了腦海，他想起自己在最後似乎對女兒說了些什麼。

然後，他在心底默默對自己說：

「原來是這樣。我總是在想著發生過的事情，以這樣的方式在生活。」

「在出境大廳道別的時候，女兒雙手都提著行李。那時候女兒應該是想放下行李來牽住我的手。但我卻沒有等她，反而對著雙手還提著行李的女兒說『快去吧』。

結果，我們就這樣分別了。

如果我多等她十秒就好了。

若是如此，女兒想必會將行李放下來，對我伸手說『爸爸，我出發囉！』

沒有和女兒好好握手道別，沒有聽到女兒想說的話。

在那麼重要的時刻，為什麼我如此焦慮呢？是因為回程的巴士讓人心煩嗎？還是在擔心明天的事呢？

我總是這樣，在生活中對即將發生的事情感到緊張，因為一味思考著接下來要發生的事情，所以對於『當下』的情況，也就是眼前所發生的一切，全都視若無睹，完全沒注意女兒及妻子的表情。

說不定女兒並不是想緊握我的手，而是想要擁抱我。

我又再次讓重要的時刻溜走，就這樣錯過了重要的回憶。」

他可以清楚看見影響自己心理狀態的因素，看見自己因為生活得慌張焦慮，因而錯失的東西。那就是與他人的連結。

他現在四十五歲，而他所錯過的，是整整十八年的人生。從他二十七歲結婚之後的十八年人生。對於更早之前的人生，他沒有任何留戀，那是已然逝去的人生。

「這是我人生中第一次想要拿回過去的時間。

我一直一直都處在對未來感到不安的情境之中，總是為了接下來要發生的事情用盡全力。現在我終於了解，自己一直活在義務感以及恐懼之中，也一直都非常害怕、非常不安。

我明白了，這就是醫生所說的『比其他人努力好幾倍、緊張好幾倍』。

這麼一想，就覺得自己好可憐……」

在昏暗的接駁車上，他兀自哭了起來。

「一年後女兒回國時，我要讓自己冷靜下來，不再想著還沒發生的事情，好好地迎接她。到時候我要緊緊握住女兒的手，看著她的臉，慢慢對她說一句『歡迎回來』。」

義務感消失的夢

在接下來的診療過程中，他談論女兒的頻率開始多了起來。女兒的學校如何如何、她加入網球社、整天都一直在玩手機……之類的事情。

他變得可以好好入睡，而且還談起最近所作的有趣的夢。

夢裡他在早晨起床，開始了新的一天。

「那天早上起床的時候，並不記得自己作了討厭的夢，但不知怎麼的，卻突然覺得『啊啊，這是一場夢，太好了！』因為我一直以來都沒有作過美夢，所以我想可能是出於慣性吧。

但是，我馬上就察覺到自己是作夢中夢，感覺到自己已經醒過來。『啊啊，這是一場夢，太好了』這樣的想法是在夢中產生的。

接下來覺得自己應該已經醒來了，卻仍舊處於夢境之中。

我覺得有點討厭，這一定是在作夢，但是就在覺得自己要醒來的時候，還是置身夢中。再次認為自己絕對已經清醒了，卻依舊還是在夢裡。

等到覺得自己真的已經醒來，早已精疲力竭。

然後意識逐漸清晰，心裡想的是『一天又開始了……』不安的感覺排山倒海而來。好可怕，不想起床，但是也不想繼續睡。就這樣暫時盯著天花板看。然後想著非起床不可，義務感彷彿要將我澈底壓碎。

夢裡令人感到厭惡，但現實生活也同樣難受。

無論在哪裡，都沒有好事。

稍微發呆一下，現實生活就讓我想到『糟糕！時間到了！』開始緊張兮兮。

『不行了！會遲到！』我被時間追趕著，從床上彈跳起來，慌慌張張地開始準備，並從家裡衝到車站，一路上想著糟糕了，會來不及……

就是這樣的一場夢。」

我聽著他的描述，最後我說「咦？原來那也是在作夢啊？」然後兩個人一起笑了起來。

「三崎先生的夢境主題，就是被時間追趕的義務感吧。」我說出了自己的感想。

「就是這樣。」

「太好了，你可以從夢裡走出來了。這表示你已經可以自己察覺到義務感的存在了。當你完全置身於義務感之中，那就是你的一切，所以無法從夢中走出來。但最近你仍難免會被義務感占據，但卻可以從裡頭走出來，所以才會作那種夢。」

「原來是這樣。我的確也是這麼想的。以前我從沒作過如此焦慮的夢，也從沒有過『幸好是在作夢』的想法。可能是因為夢裡和現實生活，對我來說都一樣吧。」

打從小時候開始，他就不了解什麼是安心的感覺，為了壓抑不安與緊張的情緒，於是讓自己活在義務感之中，對他來說，抱持著義務感是理所當然的事情，所以反而無法意識到義務感的存在。活在義務感之中的人，無法察覺「義務感」的存在，當然也不會有相關的夢境。

「那些討人厭的事情，只會發生在夢裡了嗎？」

「沒有，事情並不會那麼順利。不過，這樣的事情會出現在夢中，也是好事。最近我在碰到一些討厭的事情時，都會想著：夠了，不要多想，把注意力轉移到其他地方。

雖然狀況很多，但我覺得都不是重要的大事。其實仔細想想，人生的義務根本就沒有結束的一天。如果每件事情都想做到完美，可就沒完沒了了。」

「沒錯。而且三崎先生做事的時候，還比別人努力好幾倍。」

「就算沒人提醒，我也知道『有些事情非做不可』。但我應該光想著那些，應該多想想『我有自己想做的事』，如果可以具有這樣的時間，我大概就能變得更幸福吧。

最近，我已經可以在電車中睡著，已經可以放任自己呈現昏昏欲睡的狀態了。以前我從來就不知道什麼是打瞌睡，現在會打瞌睡讓我覺得好開心。

有一次，我跟朋友約好了時間，但晚到了十五分鐘。

當時我試著說出『抱歉，我打瞌睡坐過站了。』

雖然這只是一件小事，但我真的很高興自己可以做到正常人能做的事情。我想，那應該就是幸福的感覺吧。」

遠離恐懼之後，能夠看清囚禁自己的義務感。如此一來，「當下」發生在眼前的事情，就會蘊含著小小的幸福。他已經從束縛之中解脫了。

具有應該要好好守護的幸福，讓他得以從「好想消失」的外部世界，進入到「好想死」的心靈膠囊之中。

不過，這並不表示他已經完全和「一般人」一樣，而是他可以遠離恐懼，並且能夠深入理解人生的義務及幸福。

只要能夠理解，人就能變得自由。

他逃離自己不知不覺中套上的「神的框架」，得到自由。

（3）不確定自己的「存在」，導致精神療法沒有效果

受虐者總是希望找回自己的「社會存在」，像其他人一樣生活。接下來我將闡述適當的治療方法。

在此我想傳達的重點是，受虐者（受虐兒）並不適合一般的精神治療或心理輔導。

這是因為相關領域的所有治療方法，都是以「正常」親子關係為前提所衍生出來的。如果將這些療法用在受虐者身上，不僅沒辦法幫助恢復，反而會增加痛苦。這樣的情況可說相當常見（這一點我特別想要傳達給具有專業知識的讀者）。

具有受虐經驗的異邦人，因為無法融入社會之中，而被深沉的孤獨所包圍。然而，他們在生活中卻也是澈底遵守社會規則的優等生。這些長大成人的異邦人，常因為被疲倦感壓垮而來到我的診所。

此類症狀，按照精神醫學的診斷標準，一般會被判定為憂鬱症、恐慌症，或是多重人格的解離性障礙等疾病，也有許多被診斷為人格解離的例子。

然而，他們的症狀，常會超出以一般心理正常的狀態為前提的「精神醫學診斷標準（ICD-10）」。他們對於自我存在的不確定感，會讓症狀有所改變。換一種較為易懂的說法，就是在診斷標準的各種症狀之中，再加上慢性的過度緊張狀態及過勞狀態。也就是所謂的「倦怠症」。受虐者的症狀會因此而改變，進而成為非典型的案例。

所以，我在說明病情時，都會提到「你所罹患的是憂鬱症，是屬於非典型的重症。」或者是「你的情況是憂鬱症再加上嚴重的慢性過勞。」

（i）憂鬱症受虐者，以及抗憂鬱症藥物的效果

對於憂鬱症受虐者來說，服用抗憂鬱藥物幾乎沒有什麼效用。

一般的憂鬱症患者，服藥一、兩個星期即出現恢復的徵兆。最新研發的抗憂鬱藥物甚至可以更快出現效果。但是那些藥對受虐者沒有用。

一般來說，藥物對於憂鬱都具有一定的效用，但是就專家的觀點來看，對於某些憂鬱症狀，藥物並沒有辦法發揮效果。比方說年輕族群罹患輕度憂鬱症，藥物就

較難產生效果。另外有一個更容易讓人了解的例子，就是具有悲傷傾向的憂鬱症，吃藥幾乎沒有任何作用可言。

所謂悲傷傾向的憂鬱症，是當自己失去身邊最重要的人時所產生的憂鬱症。例如失去了最愛的丈夫或妻子、因為突如其來的事故或疾病而失去孩子等等。這種失去摯愛的經驗，會讓人陷入憂鬱狀態，並維持長達幾個月以上失去食慾、無法入睡，甚至體重逐漸下滑。這樣的症狀完全符合憂鬱症的診斷標準，是貨真價實的憂鬱症，然而藥物對於具有悲傷傾向的憂鬱症沒有任何作用。

仔細想想就知道了。一位失去愛妻的男性，應該不可能在服用了抗憂鬱藥物兩個星期之後，就可以掛著滿臉笑容跟大家說：「我心情變好，食慾也增加了，已經沒有問題了。」

話題再次回到異邦人身上，抗憂鬱的藥物對他們來說同樣沒有效用。理由並非是他們失去了生命中最愛的人，反而是因為他們自出生以來，從不曾遇見自己最愛的人。我在治療他們的過程中，會在初期少量投以抗憂鬱的藥物當作嘗試，倘若沒有顯現效果，就不再使用抗憂鬱藥物，處方箋改以藥效和緩的鎮定劑或安眠藥為主，這是根據我的經驗決定。

（ii）認知行為療法的困難

認知行為療法是一種精神療法，經常和抗憂鬱藥物並行，在治療憂鬱症時常會雙管齊下。

不過，我認為認知行為療法對於受虐者來說，並不會有太大的效果。主要的原因是，認知行為療法是基於確立「自我認同」（社會存在）為前提的治療方式。同樣的，對於青春期前的孩子，或者是正當青春期的少男少女來說，認知行為療法幾乎都無法發揮效用。關於這些細節，想必精神科醫生應該都知之甚詳。

再略微深入說明治療無法產生效果的理由。

人們往往都有不同的狀況，比如負面思考模式，或是習慣以悲觀的角度看事情，而所謂的認知行為療法，就是透過改變客觀的認知來達成目的。

比方說，有一個年輕的男子在公司裡受到上司的嚴格指導，面對強大的壓力導致罹患憂鬱症。像這種時候，以認知行為療法來說，可想而知他的壓力來源就是受到上司超過必要程度的指導。如果狀況沒有減輕，他在日常生活中就會下意識地產生一種認知上的習慣（也就是錯誤的認知，認知的扭曲），這就是原因所在。治療的時候要讓他了解到自己的習慣，並且加以修正。

對於罹患憂鬱症的他來說，上司即使什麼話都還沒說，他都會感覺自己已經被視作「沒用的傢伙」。這是因為他在面對上司時，會有產生被害妄想的傾向。

因此，當他聽到上司詢問「那件工作你完成了嗎」，對他來說聽起來就像是「還沒有做嗎？真沒用」。都還沒說什麼，壓力就已經不斷累積。

這就是「錯誤的認知」。因此，他對自己的評價會相當低，也始終保持在緊張的狀態下，不停責怪自己，容易衍生憂鬱症。

為了要導正他的錯誤認知，我們得先站在客觀的立場分析他的人際關係，確認他的上司是不是真的說過他是「沒用的傢伙」。另一方面，也要請他回憶，當自己將工作完成的時候，是否曾獲得任何評價？是否曾得到一句「辛苦了」之類的慰問？同時，也要將上司實際對他說過的話記錄下來。經過一番客觀的分析之後，他發現到「自己其實沒有想像中那麼差勁，或許只是自己的認定太過強烈了……」這表示他注意到自己在認知方面產生了扭曲（負面思考的習慣）。

帶著這樣的想法，重新回到職場上，他會發現上司的個性其實相當溫和，跟他所想的完全不一樣……當上司所帶來的壓力消失，他的症狀也就不藥而癒了。

這就是認知行為療法的概要。

不過，這個療法有一個默認的前提，就是接受治療的人，必須具有成人程度的自我認同（社會存在）。

以這個例子來看，治療的前提是他除了與上司之間的關係，其他部分都不具有負面傾向，也保持著正面往來的人際關係。比方說跟朋友之間的友善關係、具有相同興趣的夥伴，或是與同鄉之間的交流，都可以維持安定的信賴感。跟朋友相處的時候，就算有人說「你真是個沒用的傢伙」，也可以用「我比你好多了」來加以回應，所以不會有受到迫害的感覺。然而，跟上司之間的關係，卻會自動讓他自己化身成被害者（主動思考）。能夠察覺到兩者之間的差異，就等於是知道自己有「認知上的扭曲」。

能夠注意到自己有所扭曲，表示自己具有不曾受到扭曲的正常認知。總之，能夠知道自己在職場上有認知扭曲，前提就是在別的地方可以保持正常的認知狀態。如果說一切都是扭曲的，就沒辦法察覺了。

一般人在各式各樣的人際關係之中，多少都會有不順利的時候。不過，總是能在其他的關係之中適應得很好。這就表示自我認同（社會存在）已然確立。

另一方面，在受虐的情況下長大的人，就沒有類似這種「某些人際關係處理得相當好，只有部分不順利」的情形。對他們來說，在所有的人際關係之中他們都是被孤立的，都是負面的，都是受害的一方。所以儘管接受了認知療法，還是無法察覺認知的扭曲狀況。

（iii）內觀療法的困難

內觀療法對他們來說也沒有效果。

為什麼呢？因為這種療法必須建立在正常母子關係（依附關係成立）的前提下。

內觀療法就是像坐禪一樣，全程安靜地坐著，仔細回想自己的過去，並藉此整理自己的情緒。具體來說，可從小學開始一直到現在，以三年劃為一個單位，然後針對每一個不同的時期，思考以下問題：

①仔細回想媽媽為你所做過的事情。

②回想你為媽媽做過的事情。

③最後回想曾經給媽媽帶來什麼困擾。

治療效果如下：

首先，仔細回想「媽媽為你所做過的事情」，如此一來就可以了解到，雖然一路以來都打算要靠著自己的力量生存下去，但其實身旁的親人或其他人提供了許多幫助，這樣的觀點可以修正以自我為中心的想法。如此一來可以了解到自己是在父母親的細心照料下長大的，再次確認父母親的疼愛之情，並且能意識到自己受到保護，對於自己的肯定也能提高……接著進入「為媽媽做過的事情」，情緒就會變得越來越穩定……

然而不可諱言的，對於受到母親虐待的人來說，這樣的治療方式無法展現效果，甚至只會帶來痛苦。因為接受治療的受虐者，會因為無法得到母親的愛感到自責，導致自己痛苦不堪。

內觀療法只對一般心理發展健全，或是能夠確立自我認同的人有效。

在內觀療法的施行細則中，明白點出「不適用於受到父母虐待，或是曾因父母帶來的困擾所苦的人」。不過，有很多受虐者並沒有察覺自己受到虐待，而且就算知道自己受虐，多數人並不會坦白地將經歷說出來。因此在不知情的情況下接受這個療法的例子也很多。

「認識自我」可以解除症狀，恢復存在感

異邦人因為對自己本身的存在抱持著懷疑，所以精神療法無法發揮效果。對他們有效的治療方式，就是讓他們對於存在的懷疑有更深入的了解。

雖然說精神療法及心理療法有數百種以上不同的方法及流派，但是共同的特點就是「了解真實自我的方法」。

這樣的方法就是用來了解被深埋的自我、自己隱藏起來的部分、不被看見的自我，還有自己不讓他人看見的部分，並藉以修正錯誤的認知。

能夠看清從以前到現在從未了解過的真實自我，就能進一步「接受自己」，並藉此讓自己從過去那些令人困擾的認知或生活方式中解放出來，獲得真正的療癒。

那麼，就精神層面來看，「認識」是什麼意思呢？其實指的就是「離開」。

小孩子意識到自己成長的家（住宅），就是從外面看到自己的家，並且深知可以還回去的時候。離家後，才會首次得知自己的家跟朋友的家是不同的，這一來可以讓人確切知道自己有家。

跟精神療法及心理療法最大的不同處就在於，這個方式可以讓人知道自己的自我認識程度。換句話說，就是可以「離開自己多遠」。

比方說進食方面的障礙，若是能了解母子之間的心結，就有辦法加以治療。所謂的心結包含跟母親之間的對立，以及親密關係。此處的「認識」，就是透過親子彼此「離開」，分開之後才會驚訝地發現到，原來彼此住在同一屋簷下，喜愛與憎恨的事情都一樣。如此一來，父母可以離開小孩而獨立，孩子也可以離開父母獨立，病症就能迎刃而解。

憂鬱症的認知行為療法，就是讓自己遠離截至目前為止都認為理所當然的生活方式，也就是認知的方法，客觀地審視自己的生活方式，並藉此了解認知（過往的認知）方面的扭曲狀態。

異邦人的治療方法，不是透過了解親子之間的心結，也不是找出人際關係方面的錯誤認知。受虐者的治療方法，是要讓他們知道自身的存在過於模糊（不安定的社會存在）。

不過，想要剖析懵懂的自我，其實代表對過去的破壞。因此想要認識自己，必需從不知名的地方直接面對隱藏的恐懼、憤怒、悲傷，以及絕望。事實上，每個人都會有不想知道，以及不想離開的逃避心情。

異邦人會不想離開好不容易總算保留下來的「存在」價值。那是因為如果選擇放手，自己就等於一無所有。要治療他們，讓他們明白自己的問題，事實上就等於是要讓他們離開充滿不安定性的社會存在，這是比治療親子衝突或認知療法還要困難許多的任務。

想要認識自己的想法，但又害怕知道了之後，好不容易活到現在的自己會澈底崩壞。身體糾結、心神扭曲、感到混亂和存在感異常動搖，患者可以清楚感受到強烈的暈眩感。但是，想要治癒的意志能夠讓人超越一切，讓人踏上尋找真實自我的路程。

等到陰霾散去，撥開雲霧，望見晴空，世界也會變得更加明亮。

「認識自我」可以幫助改變生活方式，更可以幫助重建存在感。

（4）從接受關愛到付出關愛

在接下來的（4）、（5）兩篇，我將再次追蹤受虐者的復原狀況。

心中的煞車器，為了活下去而拒絕他人的關心

以下的話語是來自某位知道自己曾遭受虐待的女性。

「我從出生以來一直都不曾受到關愛，因此感到悵然若失。我覺得那就像是一種障礙，對我的人生造成致命的打擊，使我的存在價值消失無蹤。一切都已經太遲了，我已經無法找回自己。

肌肉如果長時間閒置不加以使用，就會開始萎縮，變得失去作用。這種症狀似乎叫作廢用性肌肉萎縮。而我那顆沒有受到關愛的心，就是陷入這樣的窘境。」

另外，也有另一位曾受虐的女性敘述了以下的經驗。

「前幾天，因為某件事情朋友們來跟我道謝，他們說『妳真是幫了大忙，太謝謝妳了。只有妳才是值得信賴的人。』

在他們對我說這些話的時候，我一直保持沉默，那些感謝的話語，我也無法欣然接受。

我心想，應該沒有這種事吧，其他人也都很好啊，不一定非我不可。總覺得有些不舒服，也感到排斥。

這時，我想起了一些事情。

在我三歲的時候，我媽媽曾因為生病，入院住了一個月。

看到返回家裡的媽媽，我好想飛奔到玄關去，但卻沒有這麼做。現在回想起來，我覺得當時我的心被裝上了煞車器。看到欲言又止的我，媽媽只是說『妳是在害羞嗎？』就逕行回到二樓的房間。

四歲的時候，在幼稚園有一個遊戲，是要大家把手牽起來。

我當時不知何故並沒有跟其他人牽手。老師走過來，把旁邊小朋友的手和我的手牽在一起。現在想起這件事，也讓我覺得心被裝上了同樣的煞車器。

比起跟其他人在一起，我覺得自己一個人獨處比較好。

比起收到其他人的謝意，我覺得還不如被討厭、被怨恨來得安心。」

人類天生就能夠接收他人的關愛，剛出生的嬰兒，很快就能對關愛的舉動有所反應。母子關係等於就是我們誕生在這個世界上最初的起點。但若是不僅得不到內心渴求的關愛，還完全遭到否定，孩子就會在接收關愛上，對心裝設煞車器，最後，孩子的心會完全上鎖，變得毫無反應。這是因為比起內心的期待遭到背叛，如果一開始就決定不接受對方，痛苦的程度會比較小，也比較容易繼續生存下去。

不只是受虐者如此，正常人面對關愛、好意或謝意，有時也會出現抗拒的心理。

只不過受虐者的程度比一般人要強上一倍，他們的人生也受其控制。

在這個章節，我們要探討的就是將關愛封鎖起來的心理變化，以及追蹤解除封鎖、恢復正常的過程。

拒絕好意的回憶

這個故事是一位三十九歲的男性告訴我的。他叫青井椋二，獨居。

他從小就在受虐的情況下長大。小時候他總是吃不飽，從有記憶開始，他是從廚房的米缸挖生米來吃。

「住在我家附近的叔叔務農，我想這是我們家會有米的原因。小學五年級的時候，一位鄰居婆婆教了我怎麼煮飯。那時候我才第一次自己下廚，吃到了熱騰騰的白飯，真的好軟，好好吃。

記得是進入小學就讀之前，我在廚房抽屜的深處，找到了一個破掉的泡麵包裝袋，裡頭還留有一些碎屑。雖然只有一點點而已，我卻開心得不得了。從來沒有人讓我吃過完整的泡麵。因此當我十八歲離家之後，即使已經在工作賺錢了，有很長的一段時間，完整的袋裝泡麵對我來說仍是豐盛的大餐。

二十歲的時候，我小心翼翼地試著跟媽媽說：

『我小時候都沒有東西吃。』

我在心裡揣測她著會如何回應我，沒想到她卻輕描淡寫地說：

『因為你的食量很小啊。』就像她完全不記得有過那麼一回事似的。」

他想起了十一歲時的一個事件。

「上一次，我在這裡（診所）說完了那些話之後，許多小時候的記憶突然之間都冒了出來。那些令人難以忘懷的往事，一幕幕湧現在我腦海。」他開始娓娓道來。

「小學五年級的時候，我認識了一位鄰居姐姐。她是哥哥的朋友。不過我記得她的年紀大我很多。

我記得當時那位姐姐在跟哥哥聊天，我也在旁邊，姐姐也經常會跟我說話，個性非常溫柔。

有一天，姐姐帶了餅乾來找我們。

『小椋，這些餅乾給你，很好吃喔。』姐姐手裡拿著一個透明的袋子，袋口綁著紅色的緞帶。我第一次看到那麼漂亮的東西。袋子裡放了三、四塊餅乾。

那時候，我曾經猶豫著到底要不要接下姐姐手裡的餅乾……

我就這麼呆呆地看著。

『怎麼了？不用客氣啊。』

姐姐說話的聲音聽起來好遙遠。

然後，這三十年間被我遺忘的記憶，就像是慢動作影像般在眼前甦醒了。

我突如其來地從姐姐手上搶過餅乾，接著丟在地上，發出啪地一聲。

『我才不要這樣的東西！我不要！我不要！我不要！』

我一邊吶喊，一邊用腳踩踏那些餅乾。

裝在漂亮袋子裡的餅乾破成碎塊，紅色的緞帶也沾滿了汙泥。

這件事情後來如何收尾，我完全不記得了。」

受虐者的「忍耐程度測試」觸動忍耐極限

在諮詢的過程中，他回想起十幾年來完全被排除在記憶之外的事情。

他所提到的事件，基本上就跟受虐者的「忍耐程度測試」是一樣的。

所謂的忍耐程度測試，一般來說就是「讓遭受虐待的孩子，得到父母親以外的長輩溫柔對待，測試當下受虐者是否會故意拒絕對方的關愛」。

比方說當一個沒東西吃，而且持續受到暴力相向的孩子，在兒童養護機構受到保護的時候，裡頭的職員會輕聲細語，送上美味的飯菜。這時，孩子可能不僅不接受，還會動手打翻飯菜之類的。

不過，我認為這種「忍耐程度測試」的命名及說明，對於受虐者的心理狀態有所誤解。

對於在恐懼中持續受到虐待的孩子來說，根本就沒有讓大人們「用關愛來測試」的餘裕。他們絕對無法輕易接受。

那麼，他們在接受測試的時候所呈現的激烈反應，到底是從何而來的呢？

事實上，如此激烈的拒絕，是來自於忍耐到極限所產生的恐懼。

對於受到虐待的孩子來說，就算內心期待著關愛及溫柔的對待，卻還是常常遭到父母親的背叛。即使如此，孩子還是會持續期待。

「爸媽對我不好，應該是有什麼原因」、「暴力相向，一定有某種理由」、「如果我可以變成更好的孩子，爸媽一定會對我很好」、「如果我乖乖聽話，爸媽就不會用暴力對待我了」

孩子會對自己這麼說，並持續心懷期待，努力堅持著。

但是，得到的結果卻往往都是背叛。

在如此殘酷的經驗之中，孩子最後會認為自己沒有享受溫暖關愛的權利，並且譴責心裡懷抱期待的自己，從此之後下定決心讓自己活在「對關愛不抱任何期待」的現實之中。這樣的決心會不斷動搖，但每當有所動搖，他們就會對自己說：

「內心有所期待的人真丟臉，那樣的你真是笨蛋。」

只有這麼做，他們在生活之中才能勉強地保住自己的存在價值及尊嚴。

有時候他們會被兒童養護機構從父母親的手中搭救出來。當這些救援的人提供了溫暖的關愛及飯菜，他們會怎麼想呢？

「為什麼他們會這樣對我？一直以來我都認為自己不曾具有那些。為什麼要這樣對我、開我玩笑？我好不容易忍耐到這種程度了，不要你們多管閒事！你們真是太殘忍了！」

就是這樣，他們才會把別人送過來的飯菜打翻。

不可以對關愛抱持期待。如果不繼續忍耐的話根本就活不下去。停止忍耐是很可怕的。

「離開養護機構之後，我仍舊一直在忍耐。所以請不要這樣對我！」

這就是他們在面對「忍耐程度測試」的心理狀態。

忍耐是支撐生命的力量

話題再次回到踩碎餅乾的青井先生身上。

他繼續說道：

「從出生以來，我一直都在忍耐，所以即使現在對我很好，也只會讓我感到憤怒……那樣的怒氣是針對姐姐的嗎？其實並不是，我是很喜歡姐姐的。不是對她，而是對受到甜美的誘惑而產生猶豫的自己感到生氣。對姐姐真的很不好意思。

雖然事件已經過了三十年，但換成現在，或許情況還是一樣。

因為我已經是大人了，所以不會直接當面拒絕人家的好意，但還是會感到不對勁，而且心裡一有期待就會感到害怕。無時無刻都在忍耐。我一直都在忍，在忍到極限之前，我會這樣活著。這就是我活下去的理由。我從未生活在無須忍耐的世界。如果想活下去，就不得不好好地要求自己忍耐。無須忍耐的世界很可怕，我沒有辦法接受。

我一再告訴自己『你可以得到幸福』，但不管說幾次，那種深不見底的恐懼還是會洶湧來襲。如果我放棄忍耐，不知道會不會死掉，這樣的想法讓我感到非常害怕。日子過得太安逸，如同烏雲一般的罪惡感就會籠罩著我，讓我非常自責。

即使我有壓抑關愛的力量，但卻沒有接受關愛的能力。直到現在我依舊沒有培養出那種能力來，因為我已經用這樣的方式過了四十年。」

離開邊緣世界，躲進心靈的防護膠囊

之後過了三個月，他在諮詢的時候說道：

「我就快要四十歲了，下個月就是我的生日，人生已經過了一大半。在如此漫長的歲月裡，我一直都在忍耐，小心翼翼地活著。儘管知道什麼事都沒有，但我還是找得到令人擔心的根源，然後將自己的生活建構在擔憂的心情上。由忍耐所構築的東西，支撐著我的人生。

但是在這段期間，忍耐的感覺消失了。

那個星期天，我自己一個人到外面散步，雖然只是在家裡附近，但因為走了不熟悉的路，迷失了方向。走上一個斜坡之後，視野變得開闊，那裡有一座小公園。我想著，沒想到這裡有公園，就在長椅上坐了下來。

天空無限寬廣，四周充滿綠意。我開始發呆，任由時間過去，感覺自己的意識就這麼咻地越飄越遠，時間好像靜止了，心情變得非常平靜。

在這片湛藍的天空下，住宅的屋頂頭尾相連，而我就身在其中。我發現到，雖然我跟大家都處在同一個世界，但我卻總是望向不同的方向。

什麼都沒有改變。自己就跟以前一樣，周遭的世界也應該跟昨天沒什麼不同。但是，這個我非常習慣且感到親切的地方，眼睛看到的，耳朵聽到的，甚至肌膚感受到的，卻像是迥然不同的世界。我想這一定是我自己的感受方式改變了。我發現到現在的自己和這個世界是分開的，沒有任何連結。我覺得自己是『獨立存在的』。因此我才終於有了『景色好漂亮』的想法。

自己內心的緊張感解除了。

我覺得，可以單純地讚嘆『好漂亮』的感覺很棒。

可以在診所說出受到虐待的過往，並且清楚得知自己根本沒有從父母那邊得到關愛，這讓我覺得很開心。已經沒有必要繼續忍耐了。過往的世界已然崩塌，現在我眼前的是全然不同的世界。

回到公寓住處，有美味的食物在等著我，也有可以讓我躺著休息的床，不須要再擔心什麼時候會被父母毆打。

因此我對自己說『不用再那麼緊張兮兮也沒關係了。』

悲傷的情緒一擁而上，四十年來持續不斷的緊張感舒緩下來。

我就這樣坐了好一會，接著回到現實世界，從小公園後方的坡道開始往下走。就在這個時候，我突然開口說：『已經夠了，維持現狀就很好了。』

這個世界沒有任何改變，一切都跟從前一模一樣，但是我的世界已經產生了變化。」

他所經歷的體驗，正是受虐時期所搭建的世界漸漸崩毀的過程。他從出生以來，一直都活在沒有辦法與關愛有所連結的世界，也就是所謂的「邊緣世界」。他的痛苦根源，就是來自於必須要將原本沒有的東西想像出來。但是，當他明白想像的東西並非真的不存在之後，他就能清楚看到這個世界了。在這個地球上有兩個世界。關愛之情能夠正常發揮效用的「一般世界」，即心靈膠囊的內部，以及關愛之情無法正常運作的「邊緣世界」。儘管他生活在邊緣世界，但卻還是透過與一般世界產生連結的方式，讓兩個世界重疊起來，當然，過程會相當痛苦。明白兩者有所不同，讓他清楚感受到自己所生存的世界正在崩毀，並藉此看見現實的世界。

其實生活在一般世界（心靈膠囊內部）的人們，同樣也會在生活中忍受著緊張的情緒，只是程度上來講沒有那麼強而已。必須這麼做，一定要這麼做，在緊張感之中忍耐著。這是與大家一起生活在一般世界裡的義務所衍生的緊張感。但是，在一般世界裡，只要承受適度的緊張情緒，往往都能得到關愛作為回報。

然而，對於完全活在圈外的他來說，藉以支撐住自己的緊張感是自己創造出來的。那是在原本就得不到關愛的世界裡，逼自己不要期待關愛的緊張感。即使與人產生連結，也不會帶來安心感，唯一能做的就是將得不到關愛的恐懼壓抑下去。

了解自己其實不曾和任何人有所連結，就可以讓自己從無法獲得關愛的忍耐中解放出來，煞車器也會鬆開。然後，他們就能藉著原本就應該具有的關愛，跟著大家一起進入同一個世界之中。

「因為醫生曾經對我說：『你一路都是自己一個人努力過來的，真了不起。』讓我感覺像是一道光射了進來。從此我再也不害怕人群，可以好好看清楚每個人的長相。

上個星期我遇到一件不可思議的事情。一直以來，面對他人的時候，我總是表現得唯唯諾諾，就算別人說了不好聽的話，也只會低頭默默承受。但那次我第一次回嘴，然後，對方竟然也向我道歉了。這讓我嚇了一大跳，真是難以置信。

而且，我還因此得到了他人的稱讚，這也是出生以來的初次體驗。

有人跟我說：『跟青井先生說話能夠讓人獲得力量，不多加修飾的說話方式和淡泊超然的語氣很棒。』這讓我大吃一驚。

我想，我應該也可以好好活著了吧。」

（5）孩子教會我們的關愛方式

接下來要介紹的是一位在受虐的情況下長大的女子，因為孩子而恢復正常的案例。

受虐者在想要獲得關愛和想要付出關愛上都裝上了煞車器，使從他人或自己身上都找不到關愛的痕跡，藉此生存下去。

因此，只要能夠讓煞車器鬆掉一次，一直以來受到壓抑的關愛之情就會一口氣宣洩而出，也可以就此展開新的生活方式。與他人相遇，就夠提供這樣的契機。不過，在相遇的過程中具有最強力量的，莫過於嬰兒。嬰兒具有強大的影響力，能讓媽媽進入依附關係。媽媽在嬰兒的引導之下，能夠進入心靈膠囊的內部，來到一般的世界安心地待著。

「我不想要孩子」

七月十五日剛過中午不久，市區的兒童養育支援中心接到一通求助的電話。

那位女性在電話的另一端突然說：

「我不想要孩子，希望你們來帶走。」

支援中心的保健師櫻井小姐提到，電話中的聲音聽起來像是已經走投無路，猜想對方應該是育兒疲勞，所以就聽她描述了自己的狀況。大約談了十五分鐘之後，那位女性終於平靜下來，很有禮貌道了歉之後掛上電話。

重新回想一下之後，會覺得「我不想要孩子」這句話真的很不尋常。感到不安的保健師在隔天主動回電，並約好下個星期親自登門拜訪。

一個星期後，保健師選在下午時段前往那位母親的家。

那位母親（野中真澄，三十四歲）和丈夫以及一歲四個月的女兒（小優）三人同住。他們家的地板擦得閃閃發亮，讓人覺得這間寬敞的公寓就像是新蓋好的，廚房以及客廳也都整理得非常乾淨。

在寬敞的客廳裡，兩人在沙發上面對面坐著。

野中小姐沉穩地闡述著自己剛開始養育孩子的不安，以及自己身體狀況不佳等各種情形，保健師櫻井小姐也不時以「真是辛苦妳了」加以回應。慢慢地，談話內容變成都是野中小姐的闡述，而且語氣也開始變得慌亂。

「一想到女兒跟我很像，我就會覺得很噁心，完全不想碰觸她。女兒一靠近我，就會讓我想吐，真的很可怕。

我一直都很希望能打造一個溫暖的家庭，也拚了命在照顧孩子，但現在已經受不了了。我非常焦慮，不知道該怎麼辦才好。真的不想要孩子，可以找人來把她帶走嗎？」

這跟第一通電話裡所談到的事情是一樣的，櫻井小姐非常困擾，不曉得該怎麼回應才好。

「我想妳一定是累了。萬一真的撐不住的話，可以利用托兒所的短期托育服務……。」儘管提出了建議，但對方的傾訴卻完全停不下來。

「這個孩子真的太可怕了，我甚至想要從窗戶把她丟出去。」

這間是八〇三號室，櫻井小姐想著，這裡是八樓。

「我老公因為工作很忙，所以經常很晚才回到家。儘管如此，他還是會費心幫忙照顧孩子。但我卻什麼事都做不好，一直感到很愧疚。一到晚上我總是想著，如果孩子晚上哭起來，老公就沒辦法睡覺了……所以我總是努力不讓孩子半夜醒來，不讓她哭鬧。就連家事，我也都沒辦法好好處理。」

「雖然妳這麼說，但是房間的角落到地板，全都打掃得很乾淨啊。」

「這種程度可不行啊，根本就不行啊！這哪叫打掃！哪叫打掃啊！」

野中小姐突然提高音調，表情也為之一變。看起來很明顯在害怕。

「我如果沒有打掃乾淨，就會被打，父親會用木劍把我打個半死。升上小學之後，只要我一尿床，就會被父親用棉被包緊綁住，吊在庭院的樹上，用木劍毆打……那個時候，母親總是在客廳裡看電視。」

野中小姐一口氣說著，然後突然改口道：

「不好意思……」

在短暫的沉默過後，她又恢復了冷靜的語調說：

「這個孩子臨盆之前，我在先生的勸說下回到老家待產。好像大家的習俗都是這樣吧。那個人（母親）並沒有煮飯給我吃。我覺得自己打擾到她了。孩子出生後的一週，她對我說『反正妳也閒閒住在這裡，至少幫忙打掃一下吧』。我覺得那裡並不歡迎我，所以我請先生來接我，對他（先生）真的很不好意思。」

說著說著，野中小姐開始哭了起來。

小孩聽見哭聲，醒了過來。

當孩子朝著媽媽的方向接近的時候，野中小姐瞬間露出看到怪物的表情，並且下意識地往後退。

看到這個情景，櫻井小姐默默想著：「這個媽媽看來真的很害怕小孩，她是受到虐待了……」

透過緊急會診得知的訊息

隨後，野中小姐到托兒所辦好短期托育的手續，並休息了一個星期。

在此同時，保健師櫻井小姐打了電話給我。

「醫生，有個受過虐待的媽媽，現在因為養育小孩陷入混亂狀態。她說想要把女兒從窗戶丟出去。從今天開始她已經緊急委託了短期照護的服務，為期一週，這段期間可以請醫生對她進行診療嗎？」

「看來是很緊急啊。女兒幾歲了？」

「一歲四個月，在發育方面沒有任何問題。」

「媽媽呢？」

「三十四歲，是一個對自己很嚴苛的媽媽。」

「爸爸呢？」

「很認真在工作。」

櫻井小姐所給的資訊（診斷內容）通常都是相當正確的。「受虐的媽媽」在養育孩子方面拉起警報，女兒目前一歲四個月，發育方面一切正常，媽媽對自己很嚴格，爸爸則用心在工作上。

這四大項重要的情報已經非常足夠，無一疏漏。一位小時候遭受虐待，現在正在養育小孩的媽媽，在臨床上我們稱其為「受虐的媽媽」。

緊急診療的那一天，野中小姐和櫻井小姐一起進來診療室。

「妳好，大致情況櫻井小姐已經跟我說過了，不過我還是要再次請教妳，今天來看診是想要諮詢哪一方面呢？」

「我現在很怕女兒，變得沒辦法碰觸她。因為自己陷入了混亂狀態，所以去找櫻井小姐商量，她建議我來這裡接受診療……」

她從自己最近在育兒方面的不安開始說起，包含生活及家事方面的不安、身體健康失調，還有緊張感、自責感等等情況。

接著，她開始回應我所提出的問題，並且也講到自己回到老家待產時發生的事。說到這裡，我簡短地說了些自己的感想。

「雖然感覺像在說別人壞話……但是，我覺得那真是一個糟糕的母親啊。」

野中小姐抬起頭來，小小聲地回應道：

「你這麼說，讓我有點驚訝……」

她說起小時候家裡發生過的事情，包含被綑綁在棉被裡，然後用木劍毆打的事件，也提及很多小時候遭受虐待的往事。

四十分鐘的診療結束時，我說出自己的感想。

「一直以來妳都過得很辛苦，所以請放慢腳步吧。妳的症狀和一般的憂鬱症不太一樣，但仍是屬於憂鬱症的範疇，只是疲倦感及緊張感都更加強烈而已。只要慢慢處理一定能夠治好。關於妳的女兒，只要接下來妳能夠將自己的心情調整好，自然就能愛她了，所以一點都不須要擔心。」

就這樣，我們約好兩個星期一次回診。

不讓孩子叫自己「媽媽」的媽媽

第一次的診療時間相當短，當時我詢問了女兒小優的狀況，以及野中小姐的心情，然後簡單給了一些建議。接下來的每一次診療，內容都差不多。總之，在養育孩子方面，以目前的方式進行是沒有問題的，可以繼續下去。不過，我請她今後多做一件事，就是讓自己多叫女兒幾次。

「請多叫小優幾次，並且要叫她的名字。平常就多跟小優打招呼吧。請常跟她說『小優，早安』、『小優，晚安』等問候。

吃飯的時候可以問她『好吃嗎』、『很好吃吧』，頻繁詢問、說話以及確認。幫她穿衣服的時候，請反覆用『小優好可愛喔』、『好適合小優』來稱讚她。抱她的時候，也請說『妳好乖』。」

給了建議之後，為了慎重起見，我還是稍微確認了一下：

「對了，野中小姐，小優平常是怎麼叫妳的呢？」

「她叫我『小真』。」（也就是真澄的暱稱。）

「這樣啊。那麼，從現在開始不要再讓她叫你小真了，請她改口叫你『媽媽』。而且當你在跟小優說話的時候，也要用『媽媽』來稱呼自己，像是『媽媽最喜歡小優了』。如此一來，久而久之就會變成一種習慣。請務必做到喔。」

對此，我反覆叮嚀了好幾次。

她是一個不會用「媽媽」來稱呼自己的媽媽。

事實上，我經常碰到沒辦法稱呼自己為媽媽的「受虐的媽媽」。她們不僅不讓自己的孩子叫媽媽，對於自己的母親，她們也不會用媽媽或母親來稱呼。不可思議的是，她們都會用「那個人」來代替生母。

為什麼她們不願聽到自己被叫「媽媽」，而且還把生母叫成「那個人」呢？理由如下。

語言在社會中的意義是共享的，這是理所當然的事情。以意義共通為前提，人們可以藉此相互理解。「媽媽」及「母親」的意義，不只是在生物學上代表著生出我們的人，另外還背負著人類整體以及社會方面的意涵。

通常孩子在家庭最先記得的詞就是「媽媽」。在進入幼稚園、幼兒園，以及小學之後，就會學習到「媽媽」所代表的社會意義。一般來說，在家裡所學到的「媽媽」，意思跟社會上所使用的「媽媽」並沒有太大的差別。「媽媽」這個詞的意義在社會上是共通的，像是溫柔的媽媽，或是可怕的媽媽等用法。然而，這也代表著一個無時無刻都在擔心孩子，當孩子遇到任何事情都會提供幫助的人。

受虐會讓意義陷入混亂。身旁的人都以同樣的意義在使用「媽媽」這個詞，但是，我們家的「媽媽」卻好像……不是如此，因此慢慢會變得不再使用「媽媽」，並且以「那個人」的說法取而代之。

比方說在幼稚園因為不小心跌倒而哭泣，這時候老師就會說：「沒關係，你看，媽媽已經要來接你了。」這是因為最能讓你感到安心的媽媽就要來了，代表著不會痛，也不須要害怕。這就是在社會共同使用的「媽媽」所代表的意義。

但是，即使得到這些話語的安慰，受虐者還是無法安心，依舊感到害怕。如果被老師稱為「媽媽」的「那個人」，看到我哭泣，回到家一定又會被打——這就是他們內心的想法。這個時候，小孩子就會知道幼稚園老師所使用的「媽媽」一詞，所指的並不是自己家裡的媽媽，而是「那個人」。

受虐的女性結婚生子，這些媽媽們會因為不懂得媽媽一詞的意義，而不讓孩子叫她們「媽媽」，規定孩子只能用名字稱呼她們。對於自己是不是好到可以符合這個社會所指的「媽媽」，她們並沒有自信。

不讓孩子叫自己媽媽，這樣的媽媽跟女兒之間的依附關係會如何發展呢？我們可以從受虐的媽媽（野中小姐）和她的孩子（小優）之間的依附關係來看。

首先，或許大家會擔心兩個人之間是否能建立起正常的依附關係，特別是具有心理學專業的讀者們，思考的重點應該會在於兩人之間是否具有「依附障礙」吧。

然而，事實上她們之間仍有著依附關係。

證據就是野中小姐對小優感到害怕。

野中小姐自小時候開始就期待著來自母親的關愛，但期待不斷落空，慢慢地演變成對關愛有所抗拒，最後開始對關愛感到害怕。這個過程在前一小節的受虐者「忍耐程度測試」中所提到的案例也有詳細說明。

這種對關愛強大且無意識的壓抑，一般來說是不會輕易放開的。

但是在面對天真無邪、沒有任何懷疑，一心只想靠近父母並渴求關愛的孩子時，受虐的媽媽堅定的壓抑，就會產生足以造成危機的動搖。

小優會為了尋求媽媽的愛而主動靠近媽媽。但是單純追求關愛的小優，卻會讓野中小姐感到畏懼。對於女兒的動作，理應要用關愛來回應，但壓抑關愛之情的封印無法解開。自己得不到關愛，也不能給予。

如果回應了小優，她從以前到現在的忍耐就會遭到破壞，壓抑住的恐懼也會猛烈爆發。這會讓野中小姐的人生就此崩毀。因此她認為不可以回應自己的孩子。如此一來，在她面對關愛之情時，身體就會產生恐懼。

對她來說，養育孩子就是壓抑關愛，純粹只是義務性的行為。但是恐懼與衝突卻擺在眼前。她已經心力交瘁，再也無法面對才會說出：

「我不想要這個孩子。」

想要親近媽媽的小優，以及掛上了煞車器，無法對小優有所回應的野中小姐，因為兩人之間已經建立起依附關係，才會有如此痛苦的糾葛。

媽媽接受了孩子的愛

開始固定來診所看診之後，過了三個月的某一次診療。

「優的詞彙突然開始多起來，變得好愛說話。」

那時候，野中小姐並沒有用「小優」來稱呼自己的女兒，而是直接叫「優」。從開始治療一直到過了三個月，她一直都是叫女兒小優的。

「最近，優會對著我說：『媽媽好可愛，媽媽好可愛。』為了照顧孩子，我總是蓬頭垢面，而且到了這個年紀，頭髮都開始花白……結果我先生卻說我變得穩重多了。

優說我『好可愛』，讓我感到很困惑，到底該怎麼回應她才好呢？

聽到孩子這麼說，全身都會覺得癢癢的，那是一種很陌生的感覺，真的是初體驗，難道那就是所謂的『開心』嗎？」

「哇，小優對你說了這樣的話啊，看來她真的很喜歡媽媽喔。」

「咦？優很喜歡我？怎麼會呢？」

「這是理所當然的，孩子最喜歡的人就是媽媽啊。小優一定也會說全世界她最喜歡媽媽。」

「真的嗎？」

「小優一定最喜歡媽媽了。一定從她出生開始，就一直喜歡著媽媽。」

「優一直喜歡我嗎……」

她的眼眶含著淚水，臉頰滑落過一條淚痕。

那是三十四年之間，堅持固守的壓抑，終於崩毀的瞬間。

嚴厲要求自己不能對關愛有所期待的戒律，在小優的笑容中融化了。

小優從出生之後就一直給予野中小姐最單純的愛，但是，媽媽卻在無意識的情況下拒絕了。

不接受關愛，而是一味盡義務，她就是用這樣的方式在養育孩子。親餵孩子喝奶，幫孩子拍背，光是這樣就可以讓小優維持好心情。而小優的反應，野中小姐都能夠感受得到，只不過她都裝做沒感覺。當小優啼哭的時候，她會來換尿布，這麼做小優就會感到滿足，此時的野中小姐，想必心情也會為之大好吧。只不過，那種感覺是不可以彰顯出來的。對於小優讓她產生的所有反應，她全都束之高閣，就因為不能讓小優感覺到自己的關愛。

她對於「媽媽」這個詞彙具有正確的認知，所以才不使用這個字眼。也就是說，如果她用了這個詞，就表示自己也認同了媽媽在這個世界的共同意義。

漸漸地，她不再對關愛感到害怕。

她可以坦然地感受小優對她的愛，接受小優給她的愛，給予小優滿滿的愛，當然，也給自己滿滿的愛。

「前幾天有個朋友帶著孩子來找我玩。那是住在附近的朋友，最近剛認識的。這好像被稱為『媽媽友』（ママ友）的樣子，我第一次認識到這樣的朋友。我們稱呼彼此的方式就是『〇〇的媽媽』，一開始我對於這樣的方式還不是很習慣，但現在已經習以為常了。

而且，有朋友到家裡來玩，對我來說也是有生以來的初體驗。

我準備了手作的點心，等待著客人到來。

我們正常地聊著天，彼此心意相通。雖然只是閒話家常，但卻讓我感到無比安心。她聽我說話，而我也聽她說話，話題中斷變得安靜的時候，不知道為什麼卻仍感到愉悅。

當她的孩子哭了，她抱起孩子姿勢及聲音都無比溫柔。『好溫柔喔，大家都是這麼做的吧。』看著眼前的光景，我內心感到無比開心。

這是如此和諧，令人安心的時光。全世界的所有人，都是用這樣的方式在過日子的吧。我覺得可以跟大家一起聊天很幸福。雖然只有一點點，但我似乎也能夠做得到了。

這都是優的功勞。我一定會好好愛她的。」

透過與孩子一起建立的友誼（依附關係），讓她重拾自己不曾體驗過的孩童時代。

時間逆轉了，她的心可以自由地回到過去。出生後一直期待著的安心、關愛，以及讚美，如今終於都得到了。雖然過去遭受過虐待的事實並不會就此消失，但是意義已經產生變化結果也已經改變。因為了解到真實的情況，所以過去也變得不同了。

野中小姐認為享受著眼前的世界是最大的幸福。在她的世界裡，時間與空間都已經截然不同。

受虐的媽媽重新獲得豐富的愛。從以前到現在都讓人感到索然無味的關愛，看得到卻得假裝看不到的關愛，她們看見了自己內心深處的情感，這是有生以來的初體驗。

一般人看不到的東西，她們確實都看見了。

第五章

讓心靈走向更寬廣的世界

存在的意義：社會性意義及生命意義

在第二章，我用了同心圓來說明心理的世界。

簡單再描述一下，請想像宇宙中有三個心理的世界，向同心圓一樣往外擴張。1是最內部的圓，以「一般世界」表示，也稱為心靈膠囊的內部。2是往外一層的「邊緣世界」，3則是最外部的宇宙。

獲得父母親滿滿的愛，在依附關係中成長的一般人，住在心靈膠囊的內部。在那個世界裡，社會存在確實且穩固，一般人知道自己身在其中，也能好好地活著、存在。無論自己身在何處都沒有問題，不會「被別人認為不應該存在」。在學業、工作、婚姻、養兒育女……等各方面人生不同的階段中，無論是煩惱、開心、怨恨、悲傷、快樂，一切，都無法動搖自己存在於此時此刻的信念。

與生命價值有關的討論，都是建立在這個基礎上，例如該如何度過人生、該採用什麼生活方式、人生最重要的價值是什麼等等。

另一方面，異邦人所生活的世界稱為「邊緣世界」，在那裡，社會存在是曖昧不清的。他們得不到確信，總是對自己的存在感到疑惑，在不安定的狀態下生活著。

在思考該如何度過人生之前，他們對於自己是否真的活著都感到猶豫，因此當異邦人聽到一般人討論人生的時候，都會想著「為什麼人們可以如此熱衷？」並感到不可思議。他們也會感到羨慕，覺得那些人很奢侈，有時候也會不自覺地感到不安。與一般人的距離感充分呈現出他們對於自身存在所懷抱的不安定性，相反地，若從邊緣世界來看，他們也一直冷靜地觀察著社會存在是不是真的如此絕對、如此穩固。

有時，他們反而可以看見社會存在的極限。

證據就是他們有時候會無法理解以社會存在為前提的文字內容。我雖然一開始並不知道原因，但對此懷有高度的興趣。我認為其中含有一種超然的態度，讓人可以不受拘束。我就是在這個範疇中，從他們身上學到了重要的一課。

如同前面所描述的，社會存在所指的就是自己在社會上的相對位置，也就是說，可以透過自己和他人的關係來揣測，或從自己與他人的連結狀況，來定義自己的人生以及生活方式，並讓心靈終於能夠安定下來的存在模式。就這層意義來講，社會存在就是以他人的存在為前提，是一種相對性的存在。對一般人來說，這就是存在的所有面貌，對此他們深信不疑。

不過事實上，這樣的社會存在並非存在的所有面貌。在社會存在的背景裡，除了一些特別的情況之外，通常都會有一些人們容易忽略的「生命存在」，也就是生活在這個世界上，單純只是為了活著的絕對性存在。有時候，異邦人的報告之中若隱若現的，就是屬於這種存在的形式。

以同心圓來說明，絕對性的存在是一般世界以及邊緣世界共同的背景，等於承接了所有一切的「大地」。因此，平常我們很少會注意到。

當一般人罹患重病，被告知「只剩下半年可活」，或者是發生其他狀況，讓自己覺得生命將走到盡頭的時候，就會讓人意識到上述的情況。在那個當下，從不曾意識到的生命，也就是絕對性的存在，會猛然地呈現在自己眼前。自己的存在價值到底是什麼？為什麼自己要活著？自己真的存在嗎？諸如此類的問題會一一浮現。另一方面，在社會存在之中經常會思考的問題，也就是人生究竟該如何度過之類的議題，會變得毫無意義。這就是一直以來代表著社會存在的「藍圖」，與乘載著生命存在意義的「大地」，兩者互相調換了。

對於具有絕對性存在的生命，即使沒有被宣告剩下的生命長度，也能夠有所察覺。

比方說離開家鄉的人，自己跑到山上去看星星，想起幾百億年前的宇宙，進而「忘記本我的存在」；或是呆呆地在窗邊看著下著雨的庭院，彷彿自己與雨聲融為一體，達到「無我」的境界。以上兩種情形，在時間及空間方面都不是與社會共有的。在山上所看到的星空，跟在自己生活的街道上抬頭所看到的星星不同，在那個當下，你的社會存在並沒有獲得一貫的時間與空間在背後支持，你就這樣被遺忘了。

仰望星空的時候，只要想到自己該回到住宿的地方，想到自己所在的地方、回家的路線，住宿地點的所在方向等等，時空背景就會瞬間回到正軌，生命的存在意義也會退回到「大地」之上，並消失在意識之中。同樣地，雖然意識在雨聲之中漸漸遠離，但只要想到今天是星期天等日期、時間，我們就可以回到社會存在的心靈膠囊之中。

像這樣在沒有意識到「大地」的情況下，安心地描繪人生「藍圖」的情況，就是所謂的「一般世界」，也就是心靈膠囊的內部。

換個角度來看，異邦人（受虐者）所處的「邊緣世界」，社會存在總是不安定的，他們並未具有那份確信。因此，在「一般世界」之中退到「大地」後方的存在意義，就在「邊緣世界」隆重登場了。這兩者對他們來說都相當曖昧不清，都會讓他們陷入疑惑。這就是令他們感到不安的「存在的不確定性」，也可以說是不被社會所接受的異邦人性格。

「一般世界」即心靈膠囊的內部，生活在這個世界的一般人，內心所抱持的存在感，與生活在「邊緣世界」的異邦人，兩者互相比較，就可以很清楚地發現具有相對以及絕對兩種不同的存在模式。

想要了解一件事情，就必須要從中抽離。唯有離開，才能了解。所以想要了解自己，就必須從自己本身抽離。也就是說，必須從社會存在中抽離。

要離開的地方包含「大地」以及「藍圖」，等於就是兩種存在都同時共存的場所。所有的存在都位於某一個地方，而人們就是在那個地方跟宇宙對峙。一開始踏進那個地方時，可以同時看見「大地」和「藍圖」，兩者並沒有優先順序，所以才令人感到迷惘。

到了那裡，我們就能了解到，「一般」的存在，與「異邦人」的存在，其實就像是地下水脈具有關聯性。

親子之間的「依附關係」，理應是孩子出生後，最初也最能感到安心的關係。約翰・鮑比（John Bowlby，一九〇七年至九〇年，英國精神科學家）等多位專家學者，都認為心理發展相關的一切，都是從這層關係開始的。海因茲・柯胡特（Heinz Kohut，一九一三年至八一年，奧地利精神科醫生、精神分析學家）所提出的「自體心理學（self-psychology）」，也是以嬰幼兒時期親子之間具有親密的關係為前提。同樣的，愛利克・艾瑞克森（Erik Erikson）也認為透過與母親這個角色相互交流，可以讓人建立「基本的信賴關係」。儘管依附關係、自體心理學，或是基本的信賴關係等說法，有不同的用詞及定義，但都同樣點出了讓人能夠產生安心感的源頭，並且以社會存在的形式，在漫長的人生中成為建立自我認同的基礎，這一點是不會有所改變的。

無論是心理學的哪一個派別，都是以普羅大眾默許的安心感為起點建立起來的。

然而話雖如此，心理學卻仍有疏漏之處。

那就是超越社會存在的絕對性存在。

生活在安心且幸福的一般環境中，每個人每天或多或少都還是得承受一些苦難，對普通人來說，人生的幸福究竟是什麼？人生的樂趣又在哪裡？相信這個主題將可以讓人從最基本的地方重新思考。

（1）再次回到社會性存在的範圍

想要相信「人與人之間的連結」，結果卻是自己的幻想

水元雄一先生，三十七歲。他和妻子以及一個四歲的女兒，組成三人的小家庭。

他的人生可說是波瀾萬丈。在三十七歲的時候，他得知自己其實是受虐者，原來相信的一切瞬間消失，同時也失去支撐他活下去的力量。人生就此崩毀。

「我從醫生那邊得知自己曾受到虐待的事實，到現在已經過了一個月。我知道我的母親有智能障礙方面的問題，當然我也了解自己並不是一個正常的孩子。

到門診全盤托出的那一天，是星期六。

從診所回到家裡之後，我只有對太太說『讓我一個人靜一靜』，然後便在床上躺了下來。當時我的身體無法動彈。晚上太太來叫我吃晚餐的時候，我也只說『我

不餓，你讓我自己一個人靜一靜吧。』

那天晚上我無法入眠。

隔天，我也一直躺在床上。雖然很想了解自己發生了些什麼事，但資訊卻一點都無法進入腦袋之中。所以我什麼都沒有想。太太過來看我的時候，看到她的臉，我也清楚知道『這是我太太，個性很溫柔，我跟她結婚了，她看起來好像很擔心我』。我似乎對太太重覆好幾次下面的話。

我說『我遇到了讓我非常震驚的事情，但並不是壞事，所以妳不用太擔心，只要讓我一個人靜一靜就好。』

那個晚上我也完全睡不著。只是一直看著月光穿過窗戶，照射在地板上。

星期一早上，我走到客廳對太太說『今天想跟公司請假』，並打了通電話到公司。我對這個過程完全沒有印象，是在掛上電話之後，才從太太那裡聽來的。接著，我又躺回床上。

太太好像勸了我好幾次，說要叫救護車帶我到醫院去。

但我似乎說『沒關係，雖然我的心已經死了，但身體還好好地活著呢。』並阻止她叫救護車。

同樣的，星期二也請假。

從星期六開始算起的四天之中，我就這樣一直躺在床上，動也不能動，但根本沒有睡著，好像只有照著太太的吩咐喝了點水和茶，但也完全不記得。

到了星期三，我開始回到公司上班，重拾正常的生活。

腦中的思緒還沒辦法好好整理，情緒無法安定下來，到底該把哪裡當作起點來整理，我一點頭緒都沒有。

醫生說我是『受虐者』，說得一點都沒錯。這讓我能夠清楚看見自己的人生。一句『母親有障礙』，讓我頓時看見正在受苦的自己。對於生命為何如此痛苦的所有質疑，如今也都有了答案，全部都變得清晰可見。

所有的一切都消失了，我完全無法平靜下來。

這與混亂的感覺有所不同。因為可以看清一切，所以不會再感到混亂。

感覺就好像指南針的指針一直動個不停，不斷繞著圈。因為沒有辦法停在某一個點，所以哪裡也去不了。

心情無法傳遞出去，不，並非無法傳遞，其實心情早已採取了行動，移動到別的地方去了。

以前的那個我已經崩毀、死去了。所以，我已經改變了。不過，到底變得怎麼樣了呢？我無法理解。就是因為這樣，才會一想起來就感到混亂。

過去三十七年努力維持正常生活的我，到底算什麼呢？從今以後再也無法跟一般人一起生活在正常的世界裡，互相競爭。不管怎麼想我都沒有勝算。為什麼我非得要背負著這種阻礙不可呢？我再也得不到自己渴望的正常生活了。

我想，自己到底該如何是好？結果發現我的思考能力也消失了。

雖然能夠看清一切，讓我感覺輕鬆許多，但如此一來卻失去了活下去的理由。如果我什麼都不知道就好了，就這樣一直活在痛苦之中，從頭到尾都維持著一樣的狀況，說不定還更能接受人生。」

水元雄一先生所期待的，其實就是與他人的連結，從他人身上得到安心、關愛以及讚美，這是每個孩子都渴望能從母親身上得到，長大之後也依舊嚮往的。他一直在期待之中度過自己的人生。即使被父親毆打，即使無法得到母親的理解，但他還是深信背後應該有什麼理由，可能是因為自己不乖，所以如果可以當個好孩子，就能繼續懷抱期待，即使遭到背叛，依舊還是會讓自己和下一次的期待連結起來，用這樣的方式存活下去。

那種期待的心情，總有一天會因為一直都無法實現而變成幻想，母親也像遙不可及的浮雲。他的心在幻想之中好不容易才能與他人產生連結，或者應該是說，他相信自己與他人是有所連結的。這樣的想法支撐著他的人生。

有一天，幻想破滅了。

他知道所有的一切都消失了。

即使連結的程度並不高，即使處於幻想之中，只要他相信自己與他人有所連結，就可以勉強創造「社會存在」。那是大多數人所居住的心靈膠囊內部，是對於社會存在沒有任何疑慮的一般世界。而他所生長的邊緣世界，具有不安定的社會存在，整個世界都搖搖晃晃的。雖然一個世界是深信自己與他人有所連結，另一個世界則是勉強自己去相信，兩者並不相同，但與他人產生連結卻是共同的大前提。他得知了自己人生的秘密，因此那層連結就澈底崩毀。

「心已經死了」所指的就是這麼一回事。

我想大多數的讀者可能無法理解他內心所感受到的震驚。應該會覺得至少他還有家人，而且工作也很正常，不是嗎？舉個例子吧，比方說你在二十歲的時候，父母親坦白告訴你「其實你不是我們的孩子，你的爸爸和媽媽另有其人。」稍微想像一下這樣的狀況，或許就可以多多少少理解他的震驚程度。

他繼續接著說。

「我想要像一般人一樣過著安心的生活，希望能夠因為獲得他人的稱讚而感到開心，希望能在工作上獲得成就感，想要抱持『能這樣真好』的想法度過人生。我就活在希望一切能夠變得『正常』的想法之中。如果選擇放棄，是不是就不會再感到痛苦了？

但是，如果放棄了，會發生什麼事呢？

我之所以沒辦法和他人產生連結，是因為我無法理解他人的想法嗎？我想並非如此……這麼長的時間以來，我的心一直在旅行。忍耐著、忍耐著，但卻什麼收穫都沒有。唯一得到的，只有疲憊而已。」

光是重新整理自己的人生，他就花了三十年的時間。

但至少，他的心靈已經開始動起來了。

而且，他的心也變得輕鬆。

沉重的負擔已經消失，天空一片晴朗，空氣如此澄淨，雖然能夠看清一切，卻也失去了一切。

然而，雖然心靈崩壞了，卻催生出新的東西。

在那之後過了兩個月，他開始談起與過去全然不同的事情。

「不苛責自己，就不會慌亂」

「我還是一樣覺得生活很緊繃、很累人，但不知道是不是錯覺，總覺得自己好像有所改變了。

雖然感覺心還是一樣浮在半空中，每天搖來晃去的，但我卻發現到，原來一直以來都是我一個人在看著自己人生的實況轉播。主持人的我說著『看起來好像生氣了』、『好像很焦慮』、『心情似乎好一點』等台詞，其實都是在形容自己。

聽到這些話，我忍不住想大喊『不用你說，這些我都知道啦！』像這樣接連思考著自己的事情，感覺好像笨蛋一樣。我了解到自己一直都是在跟自己搏鬥，在跟自己一爭長短，也讓自己產生動搖。

漸漸地我察覺到，如果我過得惶惶不安，太太跟小孩的心情也會跟著起伏。我抱持著這樣的想法過日子，發現最近不安的情況減緩，焦慮的情形變少，也不再會一昧責怪自己。

而且，我最近發現了一件事情。

『只要不苛責自己，就不會慌亂。』

了解這一點之後，我才知道『我總是在責怪自己』。三十年來，我都在怪罪自己的情況下活著。對於現在的我來說，不責怪自己，心就不會產生動搖；不否定自己，心就不會惴惴不安。

實況轉播的自己，沒有怪罪任何人，只是站在客觀的角度描述自己，但並不進行詳細的說明，只是看著而已。這場實況轉播要傳達的，原來就是這個。不責怪自己，就不會去責怪他人。

不會動搖也就表示心已經安定下來。『安定』這樣的形容好像哪裡怪怪的，當有一次我突然想到『那不是安定，而是安心』時，我立刻恍然大悟。

接著，我開始思考能讓自己感到安心的方法。但是我的思考邏輯也不同於以往，我想的不再是對什麼感到安心，而是『失去』什麼會讓我感到安心。我確切地了解到，只要想著鬆開某個束縛，就會感到安心。

再來，我稍微想了一下自己應該放開什麼東西。

對我來說，那些非做不可的事情、非要到不可的東西，現在全都消失。如果做不到某件事，自己就是個沒用的人，這樣的想法也消失了。我察覺到自己的義務感及責任感縮小了，內心深處因此感到安心。

我把義務感放掉了。

如此一來，我就不會再責怪自己，心不會再動搖無助，人也變得安心許多。

我想，義務感應該是來自於『人與人之間的連結』，於是我想著，要把這個也放掉嗎？思緒就到這裡停了下來。我想，就好好地讓它保留下來吧。」

他再也不會勉強自己做出結論，如果沒有什麼事情是非做不可的，也不需再逼迫自己每次都要撐到最後。懂得多少算多少，不懂的事情，就讓它隨風而逝吧。

他已經遠離了社會存在的框架。

「當我不再惶惶不安，便能看見太太的辛勞。我因為迷失了方向，所以過得非常煎熬，而我的太太也同樣難受。

『我到底該怎麼辦才好？你這個樣子我真的很擔心啊！』我看到冒著怒火的太太，在廚房後方的身影。是我讓她變成那樣的。

我可以用客觀的角度來看這一幅景象。我明白太太真的很擔心我的狀況，這讓我感到相當開心。」

再次回到「與他人之間的連結」

「跟媽媽產生連結」，對依附關係深信不疑的這個幻想，如今已然崩毀。他想像自己具有那些根本就不存在的東西，並藉此活下去。然而，一旦得知真的「不存在」，義務感也會在一瞬間跟著消失，從此不會再責怪自己。將他重重綑綁的規範，終於失去了力量。

不過，取而代之的是他失去了可以依賴的事物，並且也失去了人生的方針。他變得無法理解人生的意義，只剩下「單純觀看」的角度。浮在半空中的心，只是看著眼前的現實世界。

在他的眼中所看到的，並不是依附關係、自體心理學，或是信賴關係之中的人際連結。已經回不到原點的他，不知不覺以遠離心靈膠囊及邊緣世界的角度來觀察人生。

他就這樣變成了自己實況轉播的主持人。

因為離開才能讓人理解，這跟不再自責是同樣的道理。

從現在起，他將重新建構自己與世界的關係。

「早上的時候，太太和女兒（四歲）爭執不休。太太氣呼呼地說：『真是的！不可以這樣啦！妳快一點！已經遲到了！』但女兒卻不肯換裝出門。

以前我在聽到太太斥責女兒的時候，會感到害怕，甚至完全不想聽到。但是，那天早上卻不會如此。『太太生氣了』、『女兒在反抗太太呢』，我笑笑地聽著兩人爭吵，內心充滿安心的感覺。

到了傍晚，早上的爭吵彷彿只是一個玩笑，太太和女兒開心地聊著天，女兒說『媽媽，今天啊，在幼稚園的時候……』聽起來好像在炫耀什麼，太太也回應：『哇，真的喔！妳好厲害！』我在心裡想著，女兒被稱讚了，好羨慕喔，女兒真的好可愛。

『那媽媽要去煮飯囉，今天有繪梨佳最喜歡的炸雞喔！』

『哇！好棒喔！我也要幫忙！』

此時，我的腦海浮現了一句話：

『妳在幼稚園有沒有發生什麼有趣的事啊，也說給爸爸聽嘛。』

這句不自覺浮現腦海的話，讓我自己都嚇了一跳。不過，我並沒有把這句話說出口。我想，總有一天我一定會說出口的，到時候一定會很開心。

在那個當下，又有某個東西在我心中崩塌。我突然覺得非常愉快，真是一種不可思議的感覺。

於是我想著『原來大家都生活在這樣的世界裡啊，好好喔，真叫人羨慕啊。』

大家都生活在豐盛且色彩鮮艷的世界裡，而現在，我自己也進入了那個範疇之中。『為什麼你不明白呢？人生是很殘酷的！』這樣的吶喊已經越來越小聲了。取而代之的是用『這樣啊，辛苦你了』之類的話，回應那個發出微弱吶喊的自己。我已經不會再惶惶不安了。

我看得非常清楚，甚至放開手參與其中，並且可以自由地與他人建立連結，當然也不會再責怪自己了。

原本在昏暗潮濕的森林裡，全身沾滿泥巴的我，現在已經飛翔在空中，清楚看見森林以及美麗的沼澤。這樣的角度讓我體驗到活著的感覺。」

想要與他人產生連結、必須建立連結，諸如此類的幻想已經崩壞殆盡。他現在浮在半空中，單純只是「在那裡」的存在狀態。接著，他再次與家庭產生連結，但這次跟以前完全不同，現在的他與人建立連結時，已經不會再揹著義務感。

（2）同時活在兩種存在價值之中

心靈渴望得到「安心」感

心靈最想要得到的，就是「安心」感。希望能避開不安，讓自己感到安心，這是心靈最基本的渴望。

為了要感受到安心，並且保障及維持安心的感覺，「情感共有」和「規範共有」必須發揮效用。這就是所謂的社會存在。

確認家人及親朋好友關愛自己，能夠得到讚美，並且能夠實際感受到自己的感覺與其他人相同，如此一來就能安心地認為：「我是存在的，我能夠身在此處真的好開心，能夠認同自己也真的好安心。」這就是「情感共有」。

只不過，心靈的安穩，總是會伴隨著不知何時將失去的不安。要是遭到背叛，要是被討厭，或者是失去工作，不安的情緒就這樣蔓延開來。為了壓抑不安，並讓安心的情緒獲得保障，我們需要建立「規範共有」的機制來加以維持。

就如同前面所提到過的，「規範共有」所指的就是倫理觀念、道德觀念、社會規範、基本常識等要素，全都是共有的狀態。我們相信只要能守住這些要素，安心的情緒就能得到保障。我們都會對自己這麼說，並要求自己接受。

從心靈的深處來審視規範，當你因為某種原因遭逢失敗，例如像是遭到朋友背叛的時候，所有用來責怪自己的材料，都是屬於「規範共有」的範疇。我跟別人走反方向、我太過任意妄為、我完全沒有考慮到對方的感受、我違反了規定……像這種用來責怪自己的材料應該列舉不完吧，因為每一個都是建構規範的元素。

而且，即使沒有遇到特別重大的失敗，或許你從早上起床到晚上睡覺為止，都還是會不停地責怪自己。必須更努力、自己不夠努力、為什麼又滿腦子負面思考等等，這些都是從規範之中所衍生出來的。

「規範共有」不只會對我們與他人所建立起來的連結形成保護，帶給我們安心感，但另一方面也會變成我們責怪自己的材料。

遵守規範、確認安心的感覺，偶爾責怪自己，用這樣的方式經營人生。這是在心靈膠囊內部的生活，社會存在也因此能夠維持。

心靈膠囊的臨界點

如果我們從一出生開始，就活在情感共有及規範共有的世界裡，想必不會有所察覺，因為那是大家都默許的大前提，是生活中經常被忽略的基石。

情感共有及規範共有代表的意義是什麼？以下藉三個例子幫助大家理解。

【1】戲劇的共同主題

電視連續劇或小說等作品之中，永遠都不會變的主題，就是人與人之間的連結，或是探索家人的愛、與他人之間的愛。以本書的角度切入，這些行為都是在規範之中描繪心理的糾葛，藉此再次確認安心感。

像是有個主題是，父母強加自己的想法在孩子身上，引發孩子激烈的反抗。然而，父母的作為其實具有更深的含義，當孩子了解之後，親子關係也就宣告和解了。

在這樣的情況下，親子和解的戲碼必定能讓人感動。當然，或許也有人會覺得親子關係不可能那麼順利，因而抱持反對意見。無論如何，雙方的感想都是以共同的倫理觀為前提。這是因為我們對於選定的主題不會有所質疑。

然而，若詢問異邦人的感想，會發現他們不解「為什麼這件事可以當作主題呢？」在故事結束之後，他們不僅沒有感動，反而會提供相當另類的感想。

比方說有人會陷入「果然父母都會認為孩子必須孝順父母才行啊……」的恐

懼，也有人會感到不安，像是「我都不知道大家是這樣看待親子關係的。」因為他們身在規範之外，所以既沒有贊成，也沒有反對，取而代之的是彷彿自己身處另一個世界的疏離感。

【2】對於自殺的想法

接下來我們就以「聽到有人說想要自殺」的反應，進行觀察。

大多數一般人會說：「想必你一定遇到困難了吧。好好解決它，努力活下去吧。」這是在規範共有的情況下，人們的正常反應。代表社會公義的大眾媒體，也會用這樣的角度來報導自殺事件。當然有些人也會想「我有同感，活在這個世界上根本沒有任何意義，所以我也想要自殺。」這就是同處心靈膠囊之中的反對意見。雖然贊成與反對的意見相左，但規範還是共有的，這一點不會改變。

另一方面，如果聽到有人說「好想自殺」，就浮現「這樣啊，要找自殺的理由很不容易呢。」之類的想法，以誠摯的心情表達同情，那就可能是異邦人，因為這是不以規範為標準，判斷自殺是好是壞的想法。

【3】例外的體驗

一般人若是遇到不尋常的事，可能會被踢出心靈膠囊，尤其是在發生規範之中絕對不允許的事時。

戰爭應該是最容易理解的例子。為了家人，或是為了維持與他人的連結，因而投入戰爭，但除了悲慘的死亡及混亂，什麼都不會留下。戰爭時，每個人都遭到深信不疑的價值背叛，陷入絕望的困境之中。此時，規範已失去維持人際關係的力量。在這樣的情況下，人們所追求的是超越規範、超越社會存在，確實存在的其他東西。

曾經在納粹集中營生活的維克多・弗蘭克（Viktor Frankl，一九〇五年至九七年，奧地利精神科醫生、心理學家，著有《夜與霧》一書）在書中提到當人們所深信的生活方式遭到澈底破壞，殘留下來的不會是社會或是倫理，而是只有單純的生命存在。如果在集中營裡想要自殺，就會像前面所提到的，不會去考量自殺到底「是好是壞」，討論的面向與平時大不相同。

我們的心靈寬度，是以共有的情感及規範為界線，然而，那並不是心靈的完整面貌。

事實上，心靈的寬度比我們所想得還要廣闊，能延伸到非常深遠的地方。

根據異邦人的說詞，我們可以看到寬廣的心靈具有無限的可能。

在第四章及第五章之中，我們探討了異邦人恢復正常的方法。理論上恢復的方法有兩種，分別是：

①重新建立社會存在（與他人共有相同的規範及感情）。

②同時具有社會存在及生命存在的生存方式。

第二點所提到的「同時具有社會存在及生命存在」，指的就是憑藉著社會存在，度過每一天的生活，但並不完全融入其中（不背負規範），這也是以維持生命存在的狀態下活下去的方法。

第四章所介紹的是①重新建立社會存在的方法。

而本篇所介紹的，是②同時具有社會存在及生命存在的生存方式。本章開頭所舉水元先生所碰到的狀況就是最好的例子。他和妻子及女兒心意相通，因此得以重新建立共有的情感。不過，他還沒有辦法完全融入「共有的規範」，最大的證據就是他的自責感已然消失。

異邦人從一開始被放逐到安心感的邊緣，說不定也因為這樣，所以比起在一般家庭長大的人來說，具有更為敏銳的嗅覺，能夠挖掘出社會存在及生命存在雙方面的幸福。

對生長於一般家庭的人來說，異邦人能夠具有兩種不同存在的世界，具有相當大的魅力。

（3）兩種存在意義

為了同時具有社會存在及生命存在而活下去，必須先離開自己受到禁錮的社會存在。離開的方法，就是「了解自己」。

對異邦人來說，社會存在是不可靠而且曖昧不清的。然而，即使如此，要從這個框架中脫離時，精神方面還是會歷經一番混亂的過程。

不是受害者，而是加害者

木內桃子小姐，四十三歲。和丈夫住在一起，沒有小孩。

她在母親的嚴重疏忽及精神虐待下長大，而且從小學四年級到國中畢業為止，還遭到父親的性虐待。

國中一畢業，她就從家裡逃了出來，隻身前往東京。她找到一份行政人員的工作，經常加班到很晚，也曾在家庭餐廳當服務生，甚至當過酒店小姐，從晚上一直工作到天亮。完全不知道該如何休息的她，過著極為孤獨的人生。

二十九歲的時候她結婚了，並且第一次體驗到夜裡能好好入睡的感覺。不過，婚後的十四年之間，她的心依舊處於緊繃的狀態。

兩年前，她來到我的診所。

因為在前往公司的電車上，她會突然感到強烈的心悸以及呼吸困難，變得沒有辦法再搭乘電車。這是所謂的恐慌症。為此，她開始每天騎三十分鐘的腳踏車通勤。

接受藥物治療之後，她的症狀有一定程度的好轉，接著在一年之後，症狀完全消失。

不過，在那之後她還是持續來我的診所報到，因為心靈的復原之路，並不是回到一般的社會就可以宣告終止的。她的心靈變化，超越了社會存在，而且速度還有越來越快的傾向。對此，她說了以下的一席話。

「我又想起以前的事情了。我知道自己並不是討厭爸爸和媽媽，只是單純覺得很害怕而已。小時候我覺得自己總是在討好他們，但是升上國中之後，就變得非常討厭他們。我想著以後絕對要『討厭』他們，因為我知道如果可以回到原點，我就可以讓他們喜歡我。」

一般來說，每個人誕生在這個世界上，最先接觸到的都是母親。

孩子獲得母親的認同，就能感到安心。但無法獲得認同，孩子就會落入恐懼的深淵。為了消除恐懼，孩子一定會拚命討好母親。可惜的是，木內小姐的母親沒有任何回應。在升上國中之後，她開始討厭起這樣的母親。她希望自己至少保持在喜歡及討厭的規範內。只有這麼做，才能繼續跟母親一起生活。她在一般的社會存在之中，努力建立與母親之間的連結。但是，現在她所感覺到的並不是喜歡或討厭的情緒，而是單純的害怕。因為連結早就中斷了。

她繼續說道：

「為了要贏得母親的青睞，我持續挖掘出許多責怪自己的材料，不停責怪自己，跟自己說：『這樣的自己真是不行啊，不行啊！』如果每一天都能責怪自己，就能感到安心一點。因為我認為如果可以表現得更好，就可以得到自己想要的東西。不知不覺間，我的生活方式開始變成責怪自己、否定自己，並逼迫自己忍受一切。因為這就是支撐我繼續活下去的力量，所以沒有辦法停止。這樣的生存方法對我來說是必要的。

因此，雖然說我是遭到虐待的受害者，但卻也成為逼迫自己，讓自己悲慘無比的加害者；服從別人，命令自己殘害自己的加害者。我將孤獨的恐懼壓抑下來的方法，就是成為加害者。所以就算我盡了義務，卻仍舊無法認同自己；就算忍耐，卻還是無法原諒自己。」

「就在前天，當我醒來的時候，感到非常害怕，我知道那是因為我將要進入社會所帶來的恐懼感。

當我想著『如果我拚命努力，卻還是跟其他人處不來，就沒辦法活在這個世界』，恐懼感就會洶湧襲來。這樣的恐懼感從我出生以來就一直跟著我，但我卻始終沒有發現，直到現在。

結果，『我是個沒用的人，必須更努力』這種既有的想法又再次跑出來。

我知道，那就是從小就一直糾纏著我的恐懼感，以及對此做出反應，化身成加害者的自己。在恐懼感逼得我崩潰之前，我就會自動責怪自己。不努力就會被討厭，還會被丟掉變成孤兒……四十年來，我都是在這樣的想法中醒來。明明如今父母已不在身邊，生活也非常平穩，卻仍舊緊握不放。

到最後，我為自己增添了許多痛苦，卻不曾對自己好一點，甚至成為自己的敵人。我想，讓我自己陷入困境的，已經不是那個人（母親），也不是那個傢伙（父親），而是我自己。

的確，這個世界並不是地獄，真正的地獄只存在於自己心中。」

心靈防護膠囊臨界點的感受

一個月後，她在診療室的椅子上開始闡述。話題正是延續先前所提及的內容。

「不再責怪自己之後，我的情緒就自由了。

我感受到自己的情緒起了變化，我已經能夠了解不可能用自己的想法控制情緒。同樣的也無法預測情緒及想法的走向。有時原本正在進行深刻的思考，卻突然很想吃章魚丸。以前我會理性思考解決的辦法，也會試著解決問題，但自從我了解自己無法掌控一切，就不再勉強自己了。」

不再責怪自己，也就是脫離規範之後，對於想要控制情緒以及想法的力道減弱，因此能夠實際體會自己無法掌控一切。

「儘管不斷流動的情緒與想法並不能如己所願，但其實在內心深處，我知道一切的確照著自己最強烈的欲望在發展。因為我曾認為，自己是天底下最糟糕、最不幸的人，結果我確實成為那樣的角色。心靈真的可以照著自己所想要的方向前進。所以，雖然我會在心裡想著『讓自己覺得幸福是很棒的事情』，但就是會有個聲音大喊『那是不可能的！』」

這是她第一次察覺到心理變動的規則。

「當自己覺得想法很正確的時候，就會有個聲音出來替韃伐自己的我加油，並且怨恨那個受到責備的自己。最近，我告訴自己：『妳是對的。』並開始可以單純傾聽，而不去思考好壞，也不妄下定論，只是把話聽進去而已。如此一來，反而對以前都覺得很糟糕的自己產生憐愛感，真是不可思議。

自我出生以來，自我譴責及受到責備兩者之間的關係逆轉了，我重新站回弱勢的自己這一邊，並將怨恨投向給予譴責的那個自己。兩方面的想法都獲得認同，所以心靈也呈現調和的狀態。」

給予譴責以及受到責備兩方面具有相同的重量，心情就會變得穩定，彷彿已經放下一切，任由時間緩緩流過。

「我也因此有了新的發現。

痛苦與不安，是因為受到壓抑才會一直不斷持續。而且壓抑不住的那個自己，在受到譴責之後，壓抑的情況又將持續更久。當我發現這個單純的心理機制時，其實感到有點開心。這也是不讓自己持續痛苦的方法。

如果一開始就不壓抑情緒，自然不會譴責自己。不過，在當下會變得非常孤單，所以難免會感到有些寂寞。」

她繼續說道：

「我思考著這樣的自己到底是在哪裡創造出來的。那是由自己深信不疑的思考模式，以及與思考模式相符的情緒所構成。從小時候開始就在不知不覺間創造出來的生活方式，那個自己認為這就是全部的我。」

自己所相信的生活方式，就是順著規範所產生的生活方式，情感方面也是如此。

「昨天我外出散步的時候，搭了一小段電車。我感到很自由，天氣很好、心情也很好，有一種解放的感覺。這樣的心情應該可以說是『怡然自得』吧。

我的存在，已經獲得了自己的認可。

我問自己『是不是已經開始覺得自己可以活著了？』結果自己馬上就回應道：『沒錯，這個想法不需要得到任何人的允許。』

然而，生命的恐懼並沒有因此全部消除，還是會在某些地方再次閃現，對自己造成壓力。這說不定就是某位哲學家所說的『存在的不安』吧。用我的方式來表達，就是『對於連結所產生的不安』。如果真是如此反而讓我感到安心。無論是誰，心裡都會有恐懼與不安，只是我的情況比別人強烈一倍而已，我覺得這樣也沒關係。」

在脫離常規的世界與是邊緣地帶都格格不入體驗

不再譴責自己的她，脫離了囚禁自己的框架，也就是遵守規範所形成的框架。以邊緣的世界來說，那是為了必須壓抑對於孤獨的恐懼，以及持續保持期待關愛的框架。同樣的框架，在一般世界則是為了維持情感共有而必須的。

除此之外，她也脫離了靠著曖昧不清的社會存在所建立起來的「邊緣世界的生存方式」，同時更脫離了置身心靈膠囊之中所帶來的義務感。總而言之，就是遠離了社會存在。

在那裡，心靈是自由的。

然而，脫離之後卻沒有著力點，使她感到自己像是漂浮在半空中。

在那樣的狀態下，她有了一些奇妙的體驗。

①最一開始的變化，是對於所有人產生懷念的感覺，其中也包括自己。好像是隔了幾十年之後再次和家人或親友團聚，感覺到對方「還活著」那樣。

「今天我彷彿久違地搭乘尖峰時段的電車。月台的站員以及電車的列車長都會重複說著『車門即將關閉』。明明大家都知道電車要行駛之前，車門一定會關起來，可是他們還是必須重複叮嚀。他們傳達出一種拚命努力的態度。無論是乘客或是站員，臉上都掛著微笑，讓人覺得好親切，好開心。我覺得，這是一個安定豐饒的世界。」

當不安、恐懼及緊張被逆轉之後，會覺得眼前每一個人看起來都非常和善。

②第二個變化則與「想法」有關，也就是在哲學或心理學的領域之中，談論存在與心靈相關的學問，她已經可以「聽得懂」其中的涵義了。

「過了三十歲之後，我開始閱讀哲學書籍。我從小就不停思考的一些想法，在認知理論中也有提及。

看著同一件物品的時候，我們並沒有辦法證明其他人跟我們抱持著同樣的看法；另外，在聽到同一段旋律的時候，在大家耳裡可能感覺都各不相同。這就是所謂的認知理論。

我從小就知道這個理論，而且感到相當震驚。我覺得頭腦很聰明的人跟我想的一模一樣。

我的學歷只到國中，但是學歷所帶來的自卑感已經因此消失，心情頓時輕鬆不少。

我也想起自己曾研讀過存在論。

對於人類的存在意義，神明具有深謀遠慮的意圖，這部分在神學領域中有完整的介紹及說明，閱讀相關書籍就可以了解。然而在時代背景下，人類的存在意義可以透過社會存在來加以分析，或是以親子之間的心靈交流為基礎來加以說明。不過真要說起來，人類的存在意義，並非光靠外在條件的分析就可以明朗化，而是必須回歸每個人自身的存在（當下、實際存在）來探討，這就是存在論所提到的內容。

這些說明有點拐彎抹角，讓人讀來有些焦躁。

其實我從小就是這樣一路走來的。因為我根本不知道，原來自己的存在可以寄託在神明、社會價值，或是心理學的說明之上。當然，對於這些途徑我並沒有任何期待。在我的世界裡，神明並不存在，社會離我非常遙遠，而且我也沒有親子關係可言。所以對於哲學書籍裡所提到的內容，我真的感到非常不可思議。我不禁想著，如此理所當然的事情，為什麼需要像背誦一般加以評論呢。

直到最近，我才了解造成這種奇怪感覺的原因。所謂的哲學，基本上是寫給「一般人」看的，能夠了解這一點，就可以接受哲學的內容了。一般人在自身的存在確立之前，已經和神明、社會，或是家人等建立了連結。社會化也是自然發生的。可想而知，他們的社會存在當然不曾崩壞過，也因此無法看見真實的『存在』。甚至可以說是為要崩壞才去接觸哲學。每個人都很安心，不會感到孤單，所以可以理解。」

③第三個變化是情緒方面的解放。在脫離社會存在的框架之後，一時之間控制情緒的能力會陷入混亂。

「這幾天，我總覺得自己好像被某個東西『綁住了』。那種感覺從意識底層浮現，讓我明白了過來。我知道自己會在情緒出現之前，就設法壓抑情緒。這種情形常在日常生活中發生，揮之不去。因為如果我讓自己的情緒自由宣洩，就會遭到責備。就像自動玩打地鼠遊戲一樣。

當我有次在星期天走進美術館的時候，感受最為明顯。

我一直以來都很喜歡欣賞畫作。已經有很長一段時間沒去看畫了，沒想到這次發現的顏色的感覺跟過往大不相同，所有的色彩都朝我湧來。以前我欣賞畫作的觀點，如今已完全被推翻。我進入畫作之中，強烈地感受到畫家的精神。我覺得自己的存在彷彿受到了質疑，令人難以接受。我被壓倒、被否定，不能留在那個地方，沒有待在那裡的資格……當我這麼想的時候，抗拒的心理讓色彩變得黯淡，取而代之的是苦悶的感覺填滿了胸口。

我像逃走般離開美術館，在街上漫步，慢慢找回壓抑的感覺。繽紛的色彩消失了，我的心也跟著穩定下來。

隔天早上起床之後，我試著透過昨天進入的世界來審視現在的自己，結果發現一直以來對於清晨的恐懼，現在已經消失了。在『那邊』的時候，已將恐懼視為理所當然，但在『這邊』卻覺得非常奇怪。一想到自己居然一直都用自我壓抑的方式在過日子，不禁感到非常驚訝。不過，我還是會想著『這邊』是真實存在的嗎？仔細一想，無論是那邊還是這邊，都是真正的我，反而變得有些混亂。」

每個人在生活中，或多或少都會壓抑負面情緒所帶來的恐懼與不安，同時對於藝術方面的感動，或是色彩所帶來的衝擊等正面的情緒，也會有所壓抑。兩方面都必須要收斂在一個範圍之內。這是為了在社會存在的前提下確認自己存在，因此和其他人一起感受、一起理解、一起生活是必要的。如此一來就能讓感情共有，心也能安定下來。

在此以「聯覺」（synesthesia）現象來解釋，比較容易理解。

對於某種感覺刺激（來自五感之一），往往我們所感受到的不只是單一感覺，也會同時感受其他不同種類的感覺。比方說音樂不僅會影響聽覺，也會讓人有視覺方面（色彩感覺）的感受。我有朋友曾經說過自己在聽音樂的時候，腦海中會浮現各種色彩，每個音階都有相對應的顏色，像是烏黑的顏色會發出具有威脅性的聲音，而黃色則是高昂亢奮的聲音…聽到這類的形容，可以讓我們知道聲音和顏色是互相連結的。

在大腦科學的領域裡，原本並沒有將人類的感覺區分成五感，新生兒的大腦對於感覺也還未做好歸類，可說是具有聯覺。隨著年紀增長，經過語言以及社會化的訓練之後，大腦開始分化歸類，並將各種感覺之間的連結脈絡切斷，使人失去聯覺，只有少數聯覺殘留。

木內小姐繼續說道：

「從那之後，我的感覺偶爾會變得異常敏銳。將自己的一切託付給感覺，將壓抑自己及捆綁自己的東西全都拿掉，讓自己變得支離破碎，這種感覺其實還挺可怕的。感覺自己之前只是綑綁及壓抑，讓自己勉強像個『人』。

接下來還有其他變化。這次是一些隱藏在暗處的欲望，如雨後春筍般冒出來。有些是自己知道的內心欲望，有些則是連自己也沒察覺的欲望。那股衝出來的力量非常強大，完全壓不下去。我不想明說那到底是什麼，總之非常可怕。

我了解到，適當壓抑感覺與欲望會讓自己感到舒適。因為我一直在小小的範圍裡生活，在自己內心小小的世界裡生活。

小小的我，看著變大的自己，完全不知道自己還會有什麼變化，但若是選擇脫離，自己是不是會就此崩壞呢？我就這樣陷入深深的恐懼之中。說不定就是因為這樣，我才會從小就要求自己必須創造一般的欲望、感覺、人格以及身分。」

她跑到社會存在的外頭去了。以同心圓的構造來看，她是離開了內部兩個圓，進入宇宙的範疇。在那裡，對於感覺及欲望的限制非常寬鬆，對於心靈的壓抑也會消失不見。

兩個同心圓外部的世界裡，生死的意義各有所不同，因此「好想死」及「好想消失」這兩種想法也都消失了。那麼還剩下什麼呢？只有單純的「存在」。

活著代表生命的存在，也是宇宙的存在

敏銳的感覺和情緒劇烈噴發，讓她大吃一驚，不過在高峰過後，她的心情慢慢平靜下來。

接下來的一個月，迎接她的是身體的疼痛。

「我以前從來沒有這麼痛苦過，痛到我一直哀號：請救救我！一開始的狀況是感冒，這個年紀發燒到三十九度可不是開玩笑的。吃了感冒藥之後，可能是因為副作用的關係，我全身長滿了一顆一顆的疹子。在那三天的過程中，身體發癢，感冒也讓我非常難受，這兩者都讓我痛苦難當。真

沒想到這場病會演變到如此嚴重的地步。我知道不管做什麼都沒有用，只能寄託在自己的生命力上，但因為我從小身體就相當孱弱，一點自信也沒有。

鼻塞讓我呼吸困難，甚至在半夜突然醒來的時候，感覺自己說不定會這樣死掉，所以趕緊從床上跳起來，跑去把窗戶打開。久違的恐慌症發作了。我立刻拿出以前的鎮定劑服下。後來我只吃了一個禮拜的鎮定劑就停了，但背部和肩膀卻因此變得硬梆梆的，就這樣焦慮不安地過了三天，最後才好不容易好轉。

那時候我發現一件事。

在身體痛苦不堪的時候，我並沒有『好想死』或『好想消失』之類的想法。只是努力面對而已。

身體恢復健康之後，我覺得可以正常過日子真的很幸福。身體變得輕鬆，感受著自己的身體，心情非常愉快。食慾也回來了，飯菜好好吃。這樣真好，我確實感受到幸福。

幾天之後，我忘記了身體好轉的事情，以前的感覺就又回來了。

當下我清楚了解到，那是活著所帶來的不安。當『好想消失』的想法浮現，就是我想要融入社會的時候，是我想要好好活下去的時候。那個當下，我覺得自己已經忘記了生而為人的感覺，作為一個活生生的人，並不會有『好想消失』的想法，只是單純感到開心而已。」

作為一個活生生的動物，活下去是基本本能，能夠對此感到心滿意足，便能覺得幸福。然而一旦要生活在社會化的環境，「好想死」或是「好想消失」之類的想法就會冒出來。

人為什麼要欺騙自己？不可思議的對話

我跟她之間有過好幾次令人感到不可思議的對話。對我來說那真的非常有趣。雖然她在聊天過程中顯得相當混亂，但能夠看得出來她其實也挺開心的。

「我覺得來這邊的兩個月，就像一趟心靈之旅。

我想，這趟旅程還沒有到終點，從以前到現在都認為是理所當然、沒有任何質疑的事物，事實上都不是表面看來那麼簡單，每當我覺得自己想法的變化接近界線的邊緣，卻又會走得更遠，看到更廣大的世界……我想，應該還有未知的世界在等著我吧。」

說到這裡，她又再次沉默下來。

過了一會，她回過神來。

「不久之前，醫生曾經問過我『妳現在看到同樣的花，會產生跟以前不一樣的感受方式嗎？』

一開始我不懂醫生話裡的意思，不過我知道我的感受偶爾會有所不同。直到現在我還是會有壓抑自己的情形。

小時候看到美麗的花朵，心裡就會產生『那種』感覺，就像一個幼稚的小孩似的，讓我覺得很討厭，所以一直都在期待著可以快一點長大成人，因為我想，這麼一來或許就可以把『那種』壓抑下去。

我覺得『那種』所指的，就是活在這個世界上的單純感動，不過這樣的說法似乎有所侷限，總覺得好像遺漏了些什麼……

『那種』是指花朵與我的存在，兩個生命是相互連結的。

媽媽是個會對情感帶來汙損的人，我不想變成那樣，於是便控制自己的情感，讓自己感受不到『那種』。小時候強忍下來的欲望，包含想要撒嬌，想要直率說出自己的想法等等，我也全都沒有表現出來。忍住自己的欲望，假裝沒有感受到那些感覺，曾經有過的體驗也從記憶裡抹除，讓自己變得扭曲。

扭曲變形的那個我，並不是真正的我。明明過去的一切，還有那些回憶，都已然成立，但我卻覺得那些回憶都是錯誤的。這麼一來，我就會覺得自己的存在會不會只是無端的幻想。不僅是過去如此，現在的我也會不停捫心自問，我到底是誰？此時此刻的我，是不是自己的幻想？諸如此類。

我想，我是不是活在自己的謊言之中了呢？

但是，為了要活下去，我認為欺騙自己是必要的。比方說，如果真的為那些難受的事感到痛苦，我恐怕沒辦法活下去，所以我會告訴自己那一點都不痛苦，藉以欺騙自己。雖然我做了很多像這樣的事，也認為為了適應這個社會，讓自己好好活下去，這麼做是有必要的。但是只要一這麼做，就可能迷失自己。」

說完之後，她變得沉默。

又過了一會，她才再次開口，但語調變得穩定開朗，跟先前完全不同。

「醫生，我到底是怎麼了呢？」

「應該是體驗了脫離社會存在的感覺了吧。」

「是喔。不知道為什麼，我覺得這樣的說法很恰當。但是『脫離』這個字眼，會不會有點失禮？」

「這樣啊，真不好意思。

但是，妳不也說這個說法讓妳覺得很恰當嗎？是很有趣的體驗呢。」

「對我來說，『社會化』是關鍵字吧。覺得痛苦的時候，只要學著脫離就可以了嗎？」

「說不定真的是這樣喔……」

「正常人」也一樣會「對存在感到煩惱」

在接下來的一次診療中，她報告了自己的近況。

「在那之後有些事情變得不一樣了。什麼東西改變了呢？我並不是很清楚，但這兩個月以來，我的心滿滿的，已經超出了我所能承受的極限。身體產生許多反應，像是腸胃開始動了起來，回到家之後大腦也有所反應，腦袋裡就好像爆米花似的，感覺自己好像到了別的地方。

就像醫生所說的，這樣的變化是好事，但我還是會想要抵抗。

這一個禮拜之中，我看見自己處於正常狀態，而且也可以看見全然不同的世界。

醫生說『解決方法就在妳自己心中』，這句話一直縈繞在我心裡。

我的心靈，就變得像宇宙一樣無邊無際。

突然之間，狀況發生了，我毫無理由開始大哭起來。我想，原來是這麼一回事啊，我現在就『在這裡』，如此而已。

到目前為止，我看了非常多書，所以多少心裡有個底，但實際感受到的時候，還是覺得大受衝擊。總覺得好像有鑽石像煙火般灑落下來，單單只是我現在『在這裡』，就讓我感到好幸福。就好像那時候進了美術館，豐富的色彩突然朝我湧來一樣，滿滿的幸福感洶湧襲來，讓我完全無法招架，腦袋頓時一片空白。

不過，這個開關好像壞掉了，平常的時候什麼狀況也沒有。

接受諮詢輔導時的感受，並沒有再次重現，總覺得應該已經結束了。而對於後來所發生的情況，我也試圖找出其中的理由，結果反而讓自己失去了平衡，所以我現在只有單純的感覺而已。有時候，還會想回到原點，人也變得不安定。

回到原點其實只是我自己在腦中想像出來的，所以我也不再多想了。現在，我只是單純地感受著自己『在這裡』。可惜的是，想法與感覺沒有辦法統一。所以雖然說不定我會回到原點，卻也覺得現在這樣應該也不錯……

我現在的狀態，很奇怪嗎？」

「我並不這麼覺得。」

「我在書籍之類的資料中，研讀過這樣的症狀，但我不禁思考，像我這樣的平凡人也會如此嗎？不是應該只有非常極端的人才會這樣嗎？書中有寫到一個關於蘋果的話題，內容是關於『看到蘋果就能認出來的我，以及透過蘋果這個名字來認識蘋果的我』，讀到這個主題時，我有些難以想像，但不知道為什麼，整本書裡頭我最喜歡的卻是這個部分。這就跟我小時候看到花朵時的『那種』感覺一樣，兩者之間產生了連結。

為什麼呢？為什麼我可以產生『那種』感覺呢？真讓人難以置信。所以，我開始抵抗，死命地抵抗。不斷掙扎著『不是這樣、不是這樣』，這應該是我的錯覺吧？」

「我覺得這是妳真正的感覺。」

「來診所看診的初期，我第一次提到自己受到虐待的事情，醫生說了『妳的想法會有所改變』，我就開始起了變化。

不久前，醫生還提到『解決方法就在妳自己心中』，這句話一直縈繞在我腦海中。

明明很幸福，但我卻對自己說自己並不幸福，拒絕接受一切……

幸福感排山倒海而來，我感覺自己快要失去控制，所以踩煞車阻止。一旦太過集中，就會讓人瘋掉，因此只能讓自己維持在中立的狀態。

這兩者是可以並存的嗎？」

「我認為是可以的。」

「原來如此。社會化的生活及屬於自己的生活，兩方面同時進行，只要都能夠習慣，我想還是可以辦得到的。」

享受日常生活

「在電車裡看到人群的時候，心裡覺得好懷念。跟從前比起來，眼前的世界變得更加豐富多彩，更加立體，且具有深度。每個人都為了生活而各自努力著。

我已經看得見事物的脈絡，也能夠明白其中的緣由。大人喝斥小孩的原因，以及小孩起身反抗的原因，我都看得很清楚。我覺得，每個人真的都很努力。

以前我很害怕人群，害怕搭電車，聽到父母親在訓斥孩子的時候，就會讓我很想趕快從現場逃開。但是，現在我覺得那就好像在聽相聲表演一樣，也就是說，我已經可以澈底追溯出事情的脈絡了。

醫生，我打工的公司舉辦了一場酒會，一般人在酒會上都會做些什麼呢？」

「其實酒會並不見得一定會有目的，大多只是單純為了同樂而已。應該說，這種社交活動就像能讓工作更加順利進行的潤滑劑。」

「大家都會玩得很開心嗎？工作的潤滑劑是什麼意思呢？」

「我想，說不定大家都沒有想太多吧……不管怎麼說，那都是一個歡樂的場合，大家開心喝酒吃飯而已。」

「但是，去參加的真正原因是什麼呢？」

「應該是去聊聊天，說說自己的事，並且獲得一些讚美與認同吧。或許人是為了享受這種感覺才會去參加。加上現場還會有酒可以喝，有好吃的東西可以吃，等於是雙重的享受啊。」

「但是，老愛說人壞話的主管也會去耶。」

「這是因為同事沒辦法得到那位主管的讚美，所以才會有所扭曲，事實上我想同事也很想獲得主管的讚美吧。」

「原來如此！我明白了。」

「妳已經能夠理解箇中道理了呢。」

「是啊。能聽到別人的故事，應該很有趣……但是，我沒有什麼值得驕傲的事情可以說，所以不會得到讚美吧。」

「那麼，妳就說說自己的感想吧，說什麼都沒關係，總之就是好好表現自我。

應該也有人會想要聽聽感想。這跟得到讚美的感覺很相近。」

「這樣啊，我知道了。我開始期待酒會了。

對了，最近我睡得很好。早上醒來時也精神奕奕的。而且覺得食物都好好吃。」

在酒會上，她將可以享受到雙重樂趣，一個是吃吃喝喝的快樂，一個是得到他人讚美的快樂。這就是生命存在以及社會存在的雙重樂趣。

「世間」這個詞原本是佛教用語，而「出世」所指的就是脫離社會，悟得正道。說起來，受虐者原本就是生活在半「出世」的狀態下，可能也是因為這樣，所以才會比一般人更容易從社會存在中脫離。

從社會存在脫離會帶來雙重樂趣，因為有所理解，所以存在的範圍也會隨之擴大。

對於存在意義的探求，如果能夠深入到這個程度，他們的煩惱將會超越受虐所帶來的苦悶，轉變成生而為人的煩惱，一旦能夠越過「正常」以及「受虐」兩種人生的差異，問題就能夠迎刃而解。

這就是我從受虐者，也就是異邦人身上學到，關於存在的秘密。

木內小姐的諮詢輔導，歷經了三個月終於結束。

最後她在離開診所之前對我說：「我之後還會再來的。」

我想，現在的她已經可以好好享受存在的雙重樂趣了吧。

後記　新事物往往都是從邊緣世界開始醞釀

虐待兒童是屬於特殊世界裡所發生的事件。

我在兒童諮詢中心、兒童家庭支援中心、保健室或是學校等單位，都談論過這個話題。想要拯救受到虐待的孩子，就必須要理解他們在特殊世界裡所感受到的狀態。

無論在什麼樣的場合，對於提供幫助的人來說，「站在對方的角度思考」都是最重要的關鍵。然而，在面對存在的基礎完全迥異的對象時，要做到這一點真的非常困難，我幾乎每天都有這樣的感覺。從提供幫助的人所處的一般正常世界中，試圖伸出援手，但善意往往無法順利傳達，不僅如此，甚至有時候還會反過來遭到對方的窮追猛打。即使到了現在，我在治療他們或給予支援的時候，仍經常發生對方的反應跟我所預期的完全相反的狀況，「咦？是我太自以為是了吧。」我常會這樣自我反省。

感覺好像我自己的生活方式受到質疑一樣。

這些異邦人，有些在提供幫助的人大力支持下獲得改善，但也有些得不到幫助，只能自己一個人活下去。他們在長大成人之後，有些會藉著獨特的存在感，從事一般人模仿不來的創作型工作。在這本書的最後，我想要談一下這些異邦人對社會的貢獻。

有一天，我呆呆地看著電視。當時正在播放一齣改編自知名人物生平事蹟的電視劇。故事的大意就是這位人物小時候在艱困的環境下長大，後來卻幹出了一番大事業。

其中有一幕場景讓我發出了疑問。那個場景所描述的是知名人物年幼時的家庭關係。當然電視劇裡頭的角色都是由演員擔綱，但是我覺得戲裡的關係似乎並不尋常。我心想，這個人該不會也是異邦人吧。

雖然我很快就忘記了這件事情，但不久之後，在我順路進去逛書店時，瞥見主角的個人傳記，我便立刻拿起來翻閱。書中沒有杜撰的角色。儘管裡面沒有提到虐待，但我在字裡行間發現到，裡頭所提及的親子關係的確是虐待。我心想，果然是這樣。

對於在正常社會中成長的人來說，絕對不可能具有會像異邦人一樣的創意；面對社會的常識或良知時，異邦人也能夠不媚俗，採取完全獨立自主的態度，這種堅定的觀點，與單純為了反對而反對的叛逆之間，有一條明顯的界線。沒錯，他們可以看到一般人所看不見的事物，因此許多創意對他們來說其實相當合理。我稍微回想那個知名人物所創下的事蹟，自己不禁想著「沒錯，就是這樣。」

還有另外一位著名的財經界名人，我曾有幸跟他聊了幾次。我們所聊的話題包含了彼此的隱私，還談到他所成長的家庭背景。這個人也是個異邦人。他用了一生的時間，打造了一家龐大的企業，而這家了不起的企業，甚至在日本被當成新事業體的典範。

他的創意與革新，對於整個社會帶來莫大的影響，這在一般常識中恐怕難以孕育。變革與常識之間，總是會產生落差、拉出距離。

可以在前所未有的狀況下開創新局的人，往往也可以透過迥然不同的角度，對社會或國家提出建言，並在社會遭逢危機時出手拯救。而我發現到，在這些人之中，異邦人所占的比例相當高。從那個時候起，我又陸續在看電視時發現了幾個讓我印象深刻的人物，看到的時候我往往都會想著：「一般人不會說出這樣的言論吧。」

其中包括偉大的詩人、畫家、知名設計師、政治家、劇作家、小說家，另外還有創業家等等。

這個社會是由九成的「正常人」以及少數的「異邦人」所組成。正常人就是具有溫暖家庭，在感受得到安心及信賴的社會中，創造出自我人格的人；而異邦人則是成長於不尋常的家庭，在融入社會的時候卻抱持著與一般人迥然不同的觀點及情感。由於兩者在內在方面有所差異，我們的社會才能因此不斷進化。

我們可以說，嶄新的思維，就是從「邊緣世界」開始醞釀的。

初版後記

《好想消失》初版在付梓印刷之後已經過了三年，在這段期間裡，我收到了許多看過本書的患者所提供的個人感想。其中為數最多，且讓我印象深刻的共同感想，就是「我讀不下去，看到一半就把書闔起來了。」那種感覺跟痛苦沒什麼兩樣，這一點我非常了解。

發覺從前沒想過的事實，原本極具自信的自己因而崩壞，從此之後變得孤單，這些就是讓他們害怕到無法繼續往下閱讀的主因。

不過，我只簡單回應了「原來是這樣啊……」然後就不再談關於本書的話題。結果幾個月之後，陸續有患者來說：「你的書我看到了最後。」有個家庭主婦表示：「在家人都出門之後，我利用自己一個人的時間把書讀完了。」另外一個年紀稍長的男性則說：「這個年紀了還抽抽噎噎地哭，這本書可不能在電車裡看啊。」還有一個在大學研讀語言學的學生說：「最讓我感到痛苦的事情，就是無法跟其他人一起處在同樣的世界裡。雖然我們說著同樣的語言，但卻體驗著迥然不同的現實，這讓我感到無比孤單。」

雖然大家所用的都是「母親」、「家人」之類的用詞，但在背景中所得到的體驗（現實）卻完全不同，這就是感覺不協調的根源。所有患者都不約而同地傳達出這個訊息。看了書之後，很多事情都可以看得更清楚，經過聚焦，就可以發現其他正常人所在的現實世界，跟自己的世界並沒有連結。這麼一來心情就能變得輕鬆許多。

在精神疾病領域有個卡珊德拉症候群，所指的是妻子（或配偶）在面對患有亞斯伯格症候群（一種發展障礙）的丈夫（或伴侶）時，所承受的無比痛苦，因為丈夫對於人類有其獨特的理解方式（《精神疾病診斷與統計手冊》第五版DSM-5：在與其他人溝通的範疇中有所缺陷），所以夫妻之間無法好好談話，妻子對此感到自責，因而衍生出憂鬱、無力、偏頭痛、肩頸僵硬等惱人的症狀。由於丈夫不曾察覺自己的「缺陷」，且總是表現得自信滿滿，再加上就世俗的眼光來看，也是非常稱頭的另一半，所以只有妻子一個人被逼到絕境。

只要詳細解釋丈夫的發展障礙，妻子往往都會流淚贊同：「的確就是這樣！」或是「不管跟誰說丈夫的事，都沒有人能夠真正了解。」然後，她們身上的症狀就會消失無蹤了。可以跟其他人共同處在同樣的世界，就能消弭心中的不安，人也會變得輕鬆許多。雖然卡珊德拉症候群尚未被認定為正式的病名，但如果能夠將這個疾病傳達給更多人知道，那麼對於另一半患有亞斯伯格症的人來說，痛苦的程度應該也能夠減輕不少吧。

同樣地，如果能夠讓更多人了解由發展障礙（輕度智能障礙）的母親所帶大的受虐者（異邦人），在生活上所遭遇的痛苦，那麼我想他們心裡的煎熬也能夠減輕許多。

解說 我們是「異邦人」嗎？

其實，我是個受虐者。因為覺得說出來可能也會讓其他人受到傷害，所以我平常並不想提到這一點。我完全了解自己受到虐待的事實，而且我的身體狀況也沒有因此產生什麼不良症狀，所以當出版社提出希望由我來為《好想消失》日文文庫版撰寫解說時，我想都沒想，立刻一句「好啊」就答應下來。我抱持著「應該要直接面對，不能逃避」的詭異心情拜讀本書，但是才剛開始就感到後悔了。因為我沒有辦法以客觀的角度拉出距離「撰寫解說」。這種情緒不穩定的情況大約維持了三天之久，在此期間我完全沒有辦法好好閱讀這本書。

我是在小學一年級下學期的開學當天，察覺到「那件事」的。

那一天傍晚，母親大喊了一句「你給我過來！」然後強拉著我的手，把我帶出了家門。母親突然爆走的情況所在多有，因此我也相當習慣。不過那時候我心裡想著「到底要把我帶到哪裡去呢？」並且不禁開始感到害怕。

結果我被帶到家裡附近的一片百坪左右的空地。時值夏末，空地上長滿了夏季的雜草，看起來就像小型的芒草。有好多隻長得很像小型蜻蜓的草蛉，在草地上飛舞。淡紫色的夕陽餘暉，籠罩著空地的邊緣地帶，住在空地對面的田村同學，家裡的燈已經點亮，我經常到田村家玩。

眼前的景象看起來真的很美，所以我的心裡只是單純地覺得「好美啊……」結果，站在我身旁的母親催促著我，說了一句「你看，抓得到啊！」接著便自己衝進草叢裡頭。她好像是在叫我「用手把草蛉抓起來」。

我看著跑進草叢的母親，蟻蛉鼓動透明的羽翼，被母親追得到處亂飛，當時我的想法跟母親「不太一樣」。

那時候我還不是很能適應小學生活，是個到了學校之後身體就幾乎難以動彈的小孩，母親大概是覺得我「沒有男孩子該有的活力」吧。我想，她可能是認為「男生就要會抓蜻蜓」，所以才帶我到附近的空地去。但是，我的想法「不太一樣」。我心裡想的是，「為什麼我非得在這麼漂亮的地方搞破壞不可呢？」當時那種不合拍的情況，若是用大人的話語來說，就是「價值觀不同」。即使如此，但如果我不照著做的話，恐怕會惹火母親，所以我還是做做樣子，走進了草叢之中。

母親從以前就經常對我暴力相向。如果我稍有分神，她就會立刻出聲喝斥，但即使我覺得自己「表現得不錯」，也還是會惹怒她。我並不清楚理由何在，只是覺得「說不定是我自己有什麼問題吧」，但到底是什麼問題呢，我也說不上來。我只知道，跟母親在一起的時候，我總是感到很難受，而且覺得母親很可怕。不過，那個夏末的黃昏，我終於明白了。這一切的原因就跟我自己「應有的狀態」有關。

母親跟我的世界觀並不相同，因此我對於所有的一切都沒辦法產生聯覺。在我察覺到「不一樣」的瞬間，我就會往自己認為「對的方向」前進。在思考「想不想得到母親的關愛」之前，「好想要自由」的想法會先跑出來，於是便一心想著「變得自由也很好」。只是，即使我把這些話說出來，也只會招來一頓好打而已。所以雖然我很想要「變得更強」，但要真的變強卻沒有那麼簡單。而且，當我想起那時候的事情，也就是升上小學三、四年左右的那段期間，心裡會覺得很抗拒。即使想要直接面對，看到的也只有「軟弱的自己」。事實上，不管是任何事情，母親給我的評價都是「你真是個沒用的孩子」，所以我對自己完全沒有自信。

我覺得自己應該是受虐者，但說不定並非如此。因為對於「母親將錯誤的事情強加在我身上」的過程，我其實心底非常清楚。那時候我並沒有「好想消失」的想法。我只有對能力不足的自己感到「真是可憐」而已。

幸好我們家是三代同堂，有很多人住在一起，所以跟母親之間的關聯可以保持在最低的限度。不過母親還是時不時會突然對我發出怒吼。我希望自己能跟母親所在的那個家保持距離，所以在家裡以外的世界建構人際關係是我的首要之務。我在住家附近結交了很多好朋友，對於小學的校園生活也適應得非常好。而且，我也開始覺得自己應該可以決定某一些事情。小學五年級的時候，我還在母親節送了康乃馨給母親。

那時候我到花店去買了一朵康乃馨，跟母親說「這個送你」，並遞到她面前。母親看到之後就說了句「這是什麼啊！」。我只記得母親收到花時的冷漠態度，以及之後像是感到害羞似的沉默了好長一段時間。

對於母親只說了「這是什麼啊！」我並不覺得悲傷或是寂寞。離開母親身邊之後，很神奇地我感到非常爽快。可能是因為寂寞已經被我埋到洞穴裡去了，我內心的想法就是「不用勉強自己喜歡母親，這種白費力氣的事情不做也沒關係」，這麼一來心情就能變得輕鬆許多。在那之後，我不再對母親抱持著特別的感情了，也就是不再抱著期待。「好想消失」的想法，是在很久之後才冒出來的。

對我來說最重要的事情，是在家庭以外的環境打造人際關係。因此當人際關係突然崩壞的時候，我內心強烈的失落感簡直言語無法形容。原本都跟我「在一起」的朋友們，有一天突然全部都轉往別的方向，只留我自己一個人在原地。這種情形在我二十歲之前就曾經發生過兩次。就算對自己說「以後再也不要相信任何人了」，也完全沒有任何幫助。我不知道該怎麼辦才好，此時就有一種心情浮上心頭，那就是「我自己一定有什麼問題，才會像這樣抱著痛苦的想法不放。」

仔細想想，這應該就是在我心裡根深蒂固的其中一種多年累積而來的感情。遭到他人拒絕，被冷眼對待的時候，我會想著「是我做錯什麼事了吧？是我自己有問題吧？」我本來應該是這種問題的絕緣體，沒想到卻在不知不覺間，因為外來的狀況而牽引出這些問題。而且，即使我正視外來的變化，並且一一克服，但要是又發生什麼新的狀況，那些問題就立刻會再次轟轟作響。就算我心裡想著「是不是有什麼問題？」但那些視線總是直接拒絕，沒有給我任何回應，彷彿是在告訴我：「你就自己一個人痛苦，自己一個人反省吧。」逼得我不斷往後退。一道道視線火辣辣地落在我身上，對於無法使之熄滅的自己，不禁浮現出「好想消失」的想法。

在我開始撰寫本篇文稿的時候，這一切到達了高峰。寫稿時，「我自己的個人想法」直接就冒了出來，因此，與其相對的反對聲浪也直接襲來。對於拒絕或嘲諷之類的狀況，明明已經打算置之不理，沒想到「好想消失」——也就是本書的書名——卻在某個部分甦醒過來。

「他的語調讓人感覺似乎遠離了社會、遠離了人群，就像是從遠遠的地方看著這片浮世光景。」在這句話裡頭的「他」，我覺得就是在說我自己，而這個「他」所指的若是被貼上標籤的異邦人，那我想我也沒有辦法再逃避了。我明明就沒有做什麼壞事，但卻一腳跨進了「異邦人」的世界。

為了幫助自己理解這一切，就必須要知道「異邦人」的分類，這對我來說是最難以忍受的部分。我稍微思考了一下之後，心想「算了，隨便啦」，然後便把這想法拋到一邊去了。

我想，今後我還是會繼續思考著「把其他人當成異邦人的『正常人』，到底是怎麼樣的一群人」吧。

作家　橋本治

國家圖書館出版品預行編目資料

好想消失：父母會傷人,但你值得被愛/ 高橋和巳著；李喬智譯. -- 初版. -- 新北市：世潮, 2018.04
面； 公分. -- (暢銷精選；68)
ISBN 978-957-8799-15-8(平裝)

1.兒童虐待 2.心理創傷

173.12 107001106

暢銷精選68

好想消失：父母會傷人，但你值得被愛

作　　者／高橋和巳
譯　　者／李喬智
主　　編／陳文君
責任編輯／曾沛琳
封面設計／林芷伊
出 版 者／世潮出版有限公司
地　　址／(231)新北市新店區民生路19號5樓
電　　話／(02)2218-3277
傳　　真／(02)2218-3239（訂書專線）、(02)2218-7539
劃撥帳號／17528093
戶　　名／世潮出版有限公司
世茂官網／www.coolbooks.com.tw
排版製版／辰皓國際出版製作有限公司
印　　刷／世和彩色印刷股份有限公司
初版一刷／2018年4月

ＩＳＢＮ／978-957-8799-15-8
定　　價／350元

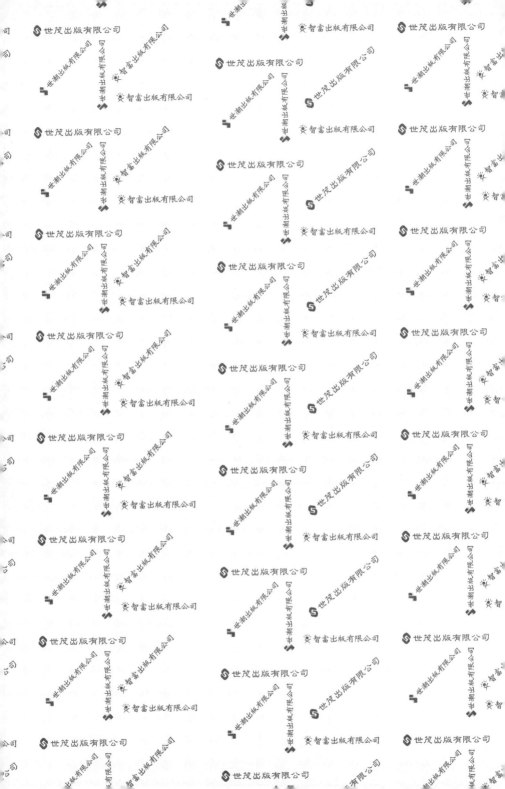